朱立东 李永新 —— 著

笔杆子是怎样炼成的2
公文写作模板

Templates for
Official Document
Writing

清华大学出版社
北京

本书封面贴有清华大学出版社防伪标签，无标签者不得销售。

版权所有，侵权必究。举报：010-62782989，beiqinquan@tup.tsinghua.edu.cn。

图书在版编目（CIP）数据

笔杆子是怎样炼成的. 2，公文写作模板 / 朱立东，李永新著. —北京：清华大学出版社，2023.11（2025.4重印）

（新时代·职场新技能）

ISBN 978-7-302-64837-6

Ⅰ.①笔… Ⅱ.①朱… ②李… Ⅲ.①公文－写作 Ⅳ.①H152.3

中国国家版本馆 CIP 数据核字（2023）第 206051 号

责任编辑：刘　洋
封面设计：徐　超
版式设计：张　姿
责任校对：王荣静
责任印制：丛怀宇

出版发行：清华大学出版社
网　　址：https://www.tup.com.cn，https://www.wqxuetang.com
地　　址：北京清华大学学研大厦 A 座　　邮　　编：100084
社 总 机：010-83470000　　邮　　购：010-62786544
投稿与读者服务：010-62776969，c-service@tup.tsinghua.edu.cn
质 量 反 馈：010-62772015，zhiliang@tup.tsinghua.edu.cn

印 装 者：大厂回族自治县彩虹印刷有限公司
经　　销：全国新华书店
开　　本：148mm×210mm　　印　张：9.625　　字　数：258 千字
版　　次：2023 年 12 月第 1 版　　印　次：2025 年 4 月第 7 次印刷
定　　价：79.00 元

产品编号：101791-01

序 言
FOREWORD

《笔杆子是怎样炼成的：公文写作实战》出版不到两年时间，已印刷15次，成为公文写作领域的畅销书。很多读友在"出彩写作"公众号留言，对此书的实战性、实用性给予了肯定和鼓励。借新书《笔杆子是怎样炼成的2：公文写作模板》，表示诚挚感谢！

六年多来，正是大家的一直关注、及时反馈和宝贵意见，才推动着自己实现了公文写作理论储备和实战经验的快速积累、迭代更新，才有了今天的"笔杆子"系列图书。

也有不少读友留言，期待看某一文种的范文、体例、素材。近年来，我在"出彩写作"公众号零星分享过五六个文种的模板，但仍然远远达不到读友们对各类常用文种参考借鉴的需要。

那么，为什么不再出版一本涵盖各类常用文种的模板图书呢？虽然有了这个念头，但还是犹豫了很长时间。毕竟若是开始干，就想干到极致。毕竟从想法到做法，意味着要付出大量的精力和心血。

后来，责任编辑刘洋老师给予我很多鼓励。同样有着丰富材料写作经历的我的同学、好友朱立东先生，对我的这个想法极为赞同，并愿意参与到具体写作中。

有了强力的援手后，我们把市面上能买到的公文写作模板类图书都研究了一遍，把自己当年作为"菜鸟"刚写材料时和现在作为"老手"多年写材料时的需求研究了一遍，把线上线下不同成长阶段写手的需要研究了一遍，试图写出一本对新手来说能够模仿着写出一篇有模有样基础稿,对老手包括我们自身来说能够从中找灵感、找思路、找具体套件词句的工具书。

在之前写过的五六个文种模板基础上,我们从数百篇数千篇范文中提炼出一个或几个实用性强、兼容性强的共性模板,提炼出若干常见套件和高频词句,梳理出自身实战步骤和心得体会,让没写过某个文种的人员也能够找到模板、快速上手,让没经验、没思路和缺词少句的人员能够迅速掌握写作要领。

具体要写哪几类文种呢?我们初步列了单子,主要把握了两个原则:一是平时哪个最常用就先写哪个,先写使用频率最高的文种;二是现在哪个正有相关任务就先写哪个,把带着满满实战热乎劲儿的经验复盘出来。写到现在,《笔杆子是怎样炼成的 2:公文写作模板》囊括了法定公文类型、讲话发言类文稿、其他常用文体三个方面近 40 个文种。

翻阅着厚厚的书稿,感觉这本书既同《笔杆子是怎样炼成的:公文写作实战》一脉相承,都是平时翻阅沉淀、用时查找增色的公文写作工具书,又实现了实战方面的整体升华。尤其是我们酝酿构建了每章"共性模板+常见套件及高频词句+老秘心得"内容结构,可以帮助各位读友在实践中快速搭建文章框架,丰富文章内容,避免写作误区,从而节省起草文稿的时间,留出更多宝贵的精力从容投入深度研究上来,真正做好以文鼎新。

作者

前言

机关工作三件事：办文，办会，办事。办文主要指公文处理，是排在第一位的。古语有云，"盖文章，经国之大业，不朽之盛事"，更印证了公文处理的重要性。事实上，公文处理既是党政机关依法履职的重要形式，也是机关工作人员必须具备的基本技能。公文处理水平在一定程度上体现了一个部门、一个单位贯彻党和国家路线、方针、政策，安排部署各项工作的水平，体现了机关工作人员的政治素养、业务素质、工作作风和工作效率。

公文办理无小事，公文质量有学问。如何才能少走弯路，快速上手成为一名笔杆子，是值得广大机关文字工作者共同探讨的话题。以笔者从事文字工作的实践来看，在公文写作道路上，自身摸索固然重要，但如果有好的辅助书籍，更能够达到事半功倍的效果。现在有很多公文辅导书籍，它们当中，有的热衷于深入探究公文写作理论，让人读时深以为然，但待自己"操刀"时，又无从下笔，颇有一读就懂、一写就懵的无奈和彷徨；有的侧重于给出所谓的万能模板框架，让人沉迷于多快好省、曲径通幽的"奇巧妙招"中，但结果却欲速而不达，造就出习惯于生搬硬套、机械模仿的"文抄公"。

针对上述情况，我们撰写了《笔杆子是怎样炼成的2：公文写作模板》。全书共三大部分，38章。每一章介绍一种公文类型。其中，第一大部分是法定公文类型，共17章，囊括了《党政机关公文处理工作条例》（中办发〔2012〕14号，详见附录）规定的15种公文。由于"函"应用广泛，本书用了3章作以说明。法定公文具有很强的权威性、规范性和实效性，可独立行文，具有统一格式。第二大部分是讲话发言类文稿，共12章，这部分总结起来难度大，在其他公文写作书籍中涉及少，但在实际中却应用广泛，很能体现起草者水平。第三大部分既不是法定公文类型，也不是讲话发言文稿，但在工作中也会时常用到，我们也列入书中，共9章。其中方案、简报、新闻时评等几个类型，不用多说，只要有机关工作经历或者要考公考编的，都知道其重要性。

本书在介绍每一种公文类型时，都分了三个方面，即"共性模板""常见套件及高频词句""老秘心得"。为什么要这么分？因为一篇好的公文，最重要的要求有三点：言之有序，言之有物，言之有心。

所谓言之有序，即画"骨"，就是用来确定文章的框架结构、组织形式、排列次序和内部构造。也就是通常所说的"谋篇布局"，对应本书中"共性模板"部分。结构稳，才能立得住。通过学习这部分内容，读者可以对每种类型公文的结构有明晰认识，包括文章结构是总—分式、总—分—总式，还是递进式、并列式、对比式，如何实现起、承、转、合，等等。

所谓言之有物，即填"肉"，就是用来填充文章的基础内容，使文章充实饱满，实在管用，对应本书中"常见套件及高频词句"部分。只有血肉丰富、言之有据，道理才能说得明白透彻。这是写文章的难点，也是本书的重点，更是优于其他公文类书籍的亮点。书中既包含常用段落套件，比如，主持词中常用到的对前面授课人或者讲话人的评价，方案中常用到的工作原则，新闻时评中常用到的10个切入点等。同时也包括常用句子、词语。相信会对大家有所启发。

所谓言之有心，即点"魂"，讲的是文章点睛之笔，对应本书中"老秘心得"部分。写文章要用心。这包含两方面内容：一是为文章确立主题，给骨架和血肉注入灵魂；二是作者一定要走心，切忌生搬硬套、形式主义，要把素材反复雕琢、化为己用。毛主席曾说："只谈情况，不谈观点，是开材料仓库。人的头脑是加工厂，没有材料不行，有了材料要经过加工，要产生观点，用观点统率材料。"能力有大小，水平有高低。写出来的材料难免质量参差不齐，这都可以理解。但如果不走心，通常是会让领导和同志难以接受的。

写到这里，相信大家对这本书的价值已有所了解。同时，我们也深

前言

深感觉到，书中所写只是公文写作基本知识，主要目的是让大家快速了解文章结构，迅速把握写作要点，节省时间，提高效率。但真要把材料写好、写精，得到领导和同志全面认可，最关键的还是要在公文写作这条道路上，领悟出属于自己的东西。

需要着重说明的是，为文有三个层次，首先是情怀，其次是见识，最后是文字。你写出的最好的文章，一篇文章中写得最好的部分，一定是这三个层次相辅相成、相得益彰的产物。

我们希望，读者在参阅本书的过程中，有以下几个方面的成长。

第一，修炼"铁肩担道义，妙手著文章"的文胆情怀。切记，价值观是道，各种各样的方法和技巧都是术。唯有始终做到"以道驭术"，才是写好文章的第一法宝。

第二，涵养"文章寸心事，得失千古知"的文心见识。见识涵盖视野、经验、思维方式等要素。责任感是这些要素的承载支撑和升华延伸。这里把杜甫的诗句做了一点修改，强调为文要对得起自己的良心。得与失就交给时间去检验好了。

第三，精进"别人怀宝剑，我有笔如刀"的文字功夫。写文章是苦差事。但既然要写，就应该让自己的笔发挥应有的作用，体现自己的人格素养、价值追求，运笔如刀，激浊扬清。特别在当前科技进步日新月异、互联网大数据扑面而来的新时期，文字工作者更要树立与时俱进、开拓创新的胆识，主动探索利用科技手段，不断增强自身脚力、眼力、脑力、笔力，让包括公文处理在内的文字工作插上科技的金色翅膀，振翅高飞、一日千里。

本书写作得到了家人和朋友的悉心支持，得到了领导和同志的关爱帮助，在此表示我们最衷心的感谢。由于作者水平有限，书中难免有疏漏之处，恳请广大读者批评指正。

是为盼。

朱立东　李永新

2023 年 9 月

目 录

○ 第一部分　法定公文类型

第一章　会议类通知 ··· 3
第二章　政策部署类意见/通知 ································· 9
第三章　征求意见类函 ·· 24
第四章　修改意见类复函 ··· 27
第五章　邀请函 ·· 30
第六章　会议纪要 ··· 34
第七章　通告 ··· 37
第八章　工作报告 ··· 40
第九章　通报 ··· 44
第十章　请示 ··· 50
第十一章　批复 ·· 56
第十二章　决定 ·· 61
第十三章　决议 ·· 65
第十四章　命令 ·· 67
第十五章　公告 ·· 70
第十六章　公报 ·· 73
第十七章　议案 ·· 75

第二部分　讲话发言类文稿

- 第十八章　部署动员讲话 ························ 79
- 第十九章　动员部署类表态发言 ················ 108
- 第二十章　主持词 ································ 116
- 第二十一章　传达提纲 ··························· 131
- 第二十二章　工作汇报 ··························· 135
- 第二十三章　起草说明 ··························· 147
- 第二十四章　交流发言 ··························· 154
- 第二十五章　挂职锻炼心得体会 ················ 168
- 第二十六章　述职报告 ··························· 175
- 第二十七章　活动致辞 ··························· 181
- 第二十八章　任职发言 ··························· 193
- 第二十九章　离任感言 ··························· 200

第三部分　其他常用文体

- 第三十章　调研报告 ······························ 207
- 第三十一章　方案 ································ 217
- 第三十二章　简报 ································ 235
- 第三十三章　工作总结 ··························· 247
- 第三十四章　工作要点 ··························· 255
- 第三十五章　新闻时评 ··························· 261
- 第三十六章　贺电（贺信）······················· 271
- 第三十七章　慰问信（慰问电）·················· 276
- 第三十八章　感谢信 ······························ 283
- 附录 ·· 288
- 参考文献 ·· 298

第一部分
法定公文类型

2012年4月，中央办公厅、国务院办公厅联合印发了《党政机关公文处理工作条例》。其中，第二章规定了15个法定文种，通常称法定公文类型。分别是：决议、决定、命令（令）、公报、公告、通告、通知、通报、议案、报告、请示、批复、意见、函、会议纪要。并且给出了具体定义和行文规范。

本书第一部分，即法定公文类型，共17章，囊括了《党政机关公文处理工作条例》（中办发〔2012〕14号，详见附录）规定的15种公文。法定公文是党政机关实施领导、履行职能、处理公务的具有特定效力和规范体式的文书，是传达贯彻党和国家方针政策，公布法规和规章，指导、布置和商洽工作，请示和答复问题，报告、通报和交流情况等的重要工具。法定公文具有很强的权威性、政策性、规范性、程序性和实效性，可独立行文，具有统一的规范格式。比如，请示是向上级机关行文，必须主送一个上级机关，必须一文一事。

在15种法定公文中，既有需要下级严格执行的"决定"和"命令"，也有可以相对灵活处理的"意见"和"通知"，还有往往一起出现的"请示""批复"，应用广泛的"函""纪要"等。对于"函"，本书用了3章来说明。在本书前言中，我们特别说明了任何机关公文都要言之有序、言之有物、言之有心。但不同公文会有所侧重。法定公文当然也需要"序""物""心"，但在学习中，特别提醒大家要注意法定公文的框架结构。在实践中，如果你的行文框架错了，那么内容也就不可能符合要求，甚至别人都不会再继续看内容了。

第一章　会议类通知

第一节　共性模板

□□□□□（部门、单位或者议事协调机构名称）
关于召开□□□□□□会议的通知

各□□□□□□、□□□□□□：

为□□□□□□□□□□□□□□□，经研究，决定召开□□□□□□会议。现就有关事项通知如下：

一、会议时间

会议于□□□□年□□月□□日□午□□：□□召开，会期为□天。□□月□□日□午□□：□□点前报到/候会。

二、会议地点/召开方式

□□□□□□会议室（**注**：会议召开方式类表述，可参照本章"常见套件及高频词句"）。

三、参会人员

（一）□□□领导；

（二）□□□□□□、□□□□□□主要负责人；

（三）各□□□□□□分管负责同志，□□□□□□、□□□□□□、□□□□□□负责同志和工作人员。

四、会议内容/议程

（一）传达学习□□□□□□□□□□□□会议精神。

（二）研究审议《□□□□□□□□□□》。

（三）听取□□□□□□□□□□的汇报。

（四）部署□□□□□□□□工作。

（五）通报□□□□□□□□情况。

（六）□□□□□、□□□□□、□□□□□围绕会议主题作发言。

（七）□□□□□讲话。

（注：可视情选择对应句式进行套用）

五、会议要求

（一）□□□□□□□□□。

（二）□□□□□□□□□。

（三）□□□□□□□□□。

（四）□□□□□□□□□。

（注：可视情分别就会议报名、会议材料、会议着装、会议纪律等提出要求。具体可参照本章"常见套件及高频词句"）

联系人：□□□　　电话：□□□□□□

传真：□□□□□□　邮箱：□□□□□□

附件：参会人员回执表

□□□□□□

□□□□年□□月□□日

第二节　常见套件及高频词句

（一）会议召开方式常用表达

1．本次会议采取视频形式召开，主会场设在□□□□□会议室，各□□□□□□、□□□□□□、□□□□□□设分会场。

2．本次会议采取现场+视频相结合方式召开。□□□□□、□□□□□□、□□□□□□在□□□□□□参加会议，其他□□□□□□□单位在各自视频会议室参加会议。

3．本次会议暂定以现场会形式召开，后续视□□□□□□如有调整将另行通知。

4．本次会议通过□□□□平台在线举办（会议号：□□□□□□□，会议密码：□□□□□□）。

5．本次会议采用 PC 端方式在线直播，具体步骤如下：打开浏览器，输入网址：□□□□□□□□□□□（登录密码：□□□□□□□□□□□）。

6．各单位可通过□□□□□□视频云平台（网址：□□□□□□□□□□□），选择□□□□□□会议室信号进行收看。

（二）参会人员常用表达

1．主会场：□□□领导，□□□□□□主要负责人，□□□□□□负责同志。

2．□□分会场：各□□□□□□分管负责同志，其他与会人员比照主会场确定。

（三）会议报名要求常用表达

1．请□□□将参会人员回执表于□□□□年□□月□□日□午□□：□□前报送至□□□□□□（联系人：□□□，联系电话：□□□□□□□□□□□，传真：□□□□□□，电子邮箱：□□□□□□□）。

2．要严格控制工作助手人数，除汇报单位可带一名助手外，列席单位不得带助手参会。

3．请各□□□□□□负责通知所辖□□□□□□并汇总参会人员等情况。

（四）会议材料要求常用表达

1．请□□□、□□□、□□□负责同志做好发言准备。发言时间控制在□□分钟/□□□□字以内。

2．请于□□□□年□□月□□日□午□□：□□前，将经分管□领导审定的发言材料打印版（体例要求见附件□）□□份送至□□□□□□/电子版光盘送□□□□□□统一印刷（联系人：□□□，联系电话：□□□□□□□□□□□）。

（五）会议报到要求常用表达

本次会议报到采用手机微信扫描二维码注册，便于管理参会人员信息。请与会人员提前关注□□□□□□并进行绑定（见附件□）。

（六）会议着装要求常用表达

1．参会人员应着正装。

2．参会人员着装要庄重得体。

3．参会人员统一着制服、不戴帽。

4．参会时需着正装（穿西装、系领带）或职业装，按座位表就座。

5．党员同志佩戴党徽。

（七）会议请假要求常用表达

所有参会人员原则上不得请假，因故不能到会的需履行请假手续，并将□□□□□报□□□□□（传真□□□□-□□□□□□□），由其他熟悉业务的负责同志出席或列席会议。

（八）视频会议联调要求常用表达

1．□□□□□□将于□□□□年□□月□□日（星期□）□午□□：□□进行视频系统联合调试，请各分会场准时参加（联系人：□□□，联系电话：□□□□□□□□□）。

2．本次会议使用□□□□□□线路，请各□□□□□□于□□月□□日（星期□）□午□□：□□前将□□□□□□会场号和调试联系人及联系方式通过□□□□□□报□□□□□□局□□□（联系人：□□□，联系电话：□□□□□□□□□），□□月□□日（星期□）□午□□：□□开始视频调试。

（九）会议纪律要求常用表达

1．与会人员应严格遵守会议纪律，严肃会风会纪，提前协调安排有关工作和活动，按要求准时参加会议。

2．请与会人员提前15分钟进入会场，不得无故缺席。

3．自觉遵守会场纪律，关闭手机或调至静音状态，保持会场良好秩序。

4. 届时，请□□□□□□对会风会纪进行督查。

（十）会议食宿说明常用表达

会议统一安排食宿，住宿、往返交通费用自理。

（十一）会议报道要求常用表达

1. □□□□□□负责做好会议报道工作。

2. 请□□□□□□、□□□□□□、□□□□□□安排记者报道。

第三节 老秘心得

（一）实战准备

会议通知是一种常用文种，指会议准备工作基本就绪后，为便于与会人员提前做好准备而发给与会者的通知。通常包括书面通知和口头通知。较庄重的会议以及出席会议人数较多的，宜发书面通知。在接到拟写任务时，重点步骤有三个：一是马上问清会议时间、会议地点、参会人员、会议内容议程等关键要素；二是视情况将会议大概情况，及时向有发言、会务等任务的单位通气，以让其早做准备；三是找到几份之前本单位类似会议的通知作为模板，结合掌握的会议要素进行替换，从本章"共性模板""常见套件及高频词句"中找体例参考、表述参考、词句参考。

（二）关于会议召开方式

本章"共性模板"的应用场景主要是常规线下会议。若召开线上视频会议，可结合有无主会场、分会场之分，以及参会人员的具体参会地点，在"会议地点"中进行明确，或者将"会议地点"改为"会议召开方式"进行明确。

（三）关于会议时间、地点

根据以往写法、篇幅控制等情况，既可将会议时间、地点合成一个部分写，也可分成两个部分写。还可选择将部分时间等元素放在帽段中展现出来，比如："□□□□□□□□，定于□□月□□日召开□□□□□□□□会议，现将有关事项通知如下"。无论采取哪种写法，均应本着让参会单位及人员一目了然、不易误解的原则。

（四）关于参会人员

常委（党组）会议等应按"（一）出席人员"（二）列席人员"，分成两个小部分写。若无出席、列席之分，可按层次依次写。视频会议等可按"（一）主会场""（二）各□□分会场"，分成两个小部分写。

（五）关于会议内容议程

若议程已定，可将其列出。若议程暂未明确，可就会议内容进行简要概括，比如："深入贯彻落实□□□□□□□□□□□□□，就□□□□□□情况进行交流，分析研判□□□□□形势，研究落实□□□□□□举措""传达学习□□□□□□□□□□□□□精神，通报今年以来□□□□□□形势，部署当前今后一个时期□□□□□工作"。

（六）关于联系人和电话

既可在通知末尾集中写，也可放在要求部分，结合具体要求内容，以括号备注形式对应写。

第二章 政策部署类意见/通知

第一节 共性模板

模板 1

□□□□□□（部门、单位或者议事协调机构名称）
关于□□□□□□的意见/实施意见/指导意见/通知

各□□□□□□、□□□□□□：

□□□□□□□□□□□□□□□□□□□□□□□□□。（**注**：根据需要，或简要概括其概念，或简要强调抓好这项工作的必要性、意义等，或简要总结近一段时间取得的成效及存在的不足，或省略此部分，直接开门见山。相关表述可借鉴本章"常见套件及高频词句"）为深入贯彻□□□□□□□□□□□□□□□□，落实□□□□□□□□□□□□□□，进一步□□□□□□□□□□□□□□，经□□□同意，现提出如下意见/实施意见/指导意见（或现就有关事项通知如下）：

一、总体要求

（一）指导思想

以□□□□□□为指导，深入贯彻□□□□□□精神，认真落实□□□□□□决策部署，坚持□□□□□□□□□□□，坚持问题导向、目标导向，加快/加强/健全/完善/推进/强化/优化/深化□□□□□□□□□□□□，确保□□□□□□□□□□□□□□，切实助力□□□□□□□□□□□□，为□□□□□□□□□□□□□□作出积极贡献/

提供□□保障。

（二）基本原则（注：可视情将小标题替换为"发展方向"等）

1．坚持□□□□□。□□□□□□□□□□□□□□□□□。

2．坚持□□□□□。□□□□□□□□□□□□□□□□□。

3．坚持□□□□□。□□□□□□□□□□□□□□□□□。

……

（三）主要目标

到□□□□年，□□□□□□□大幅提升，□□□□□□□持续壮大；到□□□□年，□□□□□□□更趋完备，□□□□□□□更加完善；到□□□□年，□□□□□□□基本实现，□□□□□□□全面深化。（注：结合实际，用数据指标表述更佳。更多目标任务表述，可查本章"常见套件及高频词句"。更多诸如"大幅提升"等四字成果类词语可查《笔杆子是怎样炼成的：公文写作实战》下篇）

（注：可视情将以上三个小部分合成一个段落，或者删掉"基本原则"部分。亦可视情采取扁平化处理，将几个小部分提格成一级标题）

二、□□□□□□□□□□

（一）□□□□□□□□□□□□□。□□□□□□□□□□□□□□□□□□□。（□□□□□□牵头，□□□□□□、□□□□□□等按职责分工负责）

（二）□□□□□□□□□□□□□。□□□□□□□□□□□□□□□□□□□。（□□□□□□牵头，□□□□□□、□□□□□□等按职责分工负责）

……

三、□□□□□□□□□□

（一）□□□□□□□□□□□□□。□□□□□□□□□□

□□□□□□□□□□□□□□。（□□□□□□牵头，□□□□□□、□□□□□□等按职责分工负责）

（二）□□□□□□□□□□□□。□□□□□□□□□□□□□□□□□□□□。（□□□□□□牵头，□□□□□□、□□□□□□等按职责分工负责）

……

本□□自□□□□年□□月□□日起施行。原《□□□□□□□□□》（□□□□〔□□□□〕□□号）废止。

□□□□□□
□□□□年□□月□□日

模板 2

□□□□□□（部门、单位或者议事协调机构名称）
关于□□□□□□的通知/意见/实施意见

各□□□□□□、□□□□□□：

为深入贯彻□□□□□□□□□□□□□□□□，落实□□□□□□□□□□□□□□□□，进一步□□□□□□□□□□□□□□□□，经□□□同意，现就有关事项通知如下/提出意见如下/提出实施意见如下：

一、总体要求

□□□□□□□□□□□□。□□□□□□□□□□□□□□□□□□□□□□□□。

二、重点任务/工作措施

（一）□□□□□□□□□□□□。

（二）□□□□□□□□□□□□。

（三）□□□□□□□□□□□□。

……

三、保障措施/组织实施/组织领导/加强组织保障

（一）□□□□□□□□。（□□□□□□负责）

（二）□□□□□□□□。（□□□□□□负责）

（三）□□□□□□□□。（□□□□□□负责）

……

□□□□□□

□□□□年□□月□□日

模板 3

□□□□□□（部门、单位或者议事协调机构名称）关于印发《关于□□□□□□的意见》的通知

各□□□□□□、□□□□□□：

为□□□□□□□□□□□□□，□□□□□□□□□□□□□，现将《关于□□□□□□的意见》印发给你们，请结合本地区实际认真贯彻执行。

□□□□□□

□□□□年□□月□□日

关于□□□□□□的意见

为深入贯彻□□□□□□□□□□□□□□□，落实□□□□□□□□□□□□□□□□□□，进一步□□□□□□□□□□□□□□□□，经□□□同意，现提出意见如下：

（注：具体内容略；相关体例除末尾无落款、无时间外，其他可借鉴本章"模板1"）

第二节 常见套件及高频词句

（一）帽段概括必要性、意义等常用表达

1．□□□□□□关系/事关□□□□□□□□□□□。

2．□□□□□□是落实□□□□□□决策部署，深化□□□□□□□□□□□□□的必然要求/关键环节/关键之举/重要举措/重要手段/重要支撑/重要内容/重要体现/重要领域/重要组成部分/基本要求/内在要求/有效抓手/有效途径，对□□□□□□□□□□□意义重大/具有重大意义/具有重要意义/具有重要而紧迫的现实意义。

3．深入开展□□□□□□，有利于□□□□□□□□□□，有利于□□□□□□□□□□□□，有利于□□□□□□□□□□□。

（二）帽段概括成效常用表达

1．□□□□年以来，□□□□□□按照□□□□□□部署，认真推进□□□□□□，取得积极进展，□□□□□□状况不断改善。

2．近年来，□□□□□□□持续改善，特别是□□□□□□□□□□□，取得明显成效。

3．近年来，□□□□□□□取得显著成效，□□□□□□□□更加便捷，□□□□□□□□不断完善，□□□□□□□□大幅改善。

（三）帽段概括形势问题常用表达

1．但由于□□□□□□、□□□□□□等原因，□□□□□□隐患依然严重。

2．但从全□□□范围看，□□□□□□□现象依然存在/时有发生，□□□□□□□工作基础仍然比较薄弱，□□□□□□□能力仍需强化/有待提高。

3．但仍存在不少薄弱环节和突出问题，□□□□□□□□□不及时/不落实/不到位/不统一/不规范/不协同/不充分/不平衡/不严格/不健全/不完善/不完备/不丰富/不清晰/不够科学精准/流于形式等问题仍然不同程度存在。

4. 当前，□□□□□仍存在一些薄弱环节，区域发展不平衡不充分的问题仍然突出，工作方式方法比较单一，信息化程度还不高。

5. 近期，受□□□□□、□□□□□、□□□□□等影响，□□□□□压力加大、□□□□□困难加剧。

（四）基本原则小标题常用表达

1. 以"坚持"开头的四字单句式

拼音 A 开头：坚持安全发展/安全可控/安全为基；

拼音 B 开头：坚持便民高效/闭环管理；

拼音 C 开头：坚持程序公正/创新发展/创新驱动/创新引领；

拼音 D 开头：坚持党的全面领导/底线思维；

拼音 F 开头：坚持法治引领/法制统一/服务发展/服务大局/服务需求；

拼音 G 开头：坚持规范有序/规划引领/改革引领/高效灵活/公平合理/公平可及；

拼音 J 开头：坚持激励约束；

拼音 K 开头：坚持开放融合；

拼音 L 开头：坚持绿色生态/绿色低碳；

拼音 M 开头：坚持目标引领；

拼音 Q 开头：坚持全面覆盖/企业主导/勤政高效；

拼音 R 开头：坚持人民至上；

拼音 S 开头：坚持数据赋能/守正创新/深化改革/示范推广/市场导向/生态优先/守信践诺/失信惩戒；

拼音 T 开头：坚持统筹规划/统筹推进/统筹资源/统筹协调；

拼音 W 开头：坚持稳中求进/问题导向/文化为根；

拼音 X 开头：坚持系统观念/系统集成/系统推进/协同发展/协同高效/协同治理/需求导向；

拼音 Y 开头：坚持以人为本/源头治理/因地制宜/依法行政/依法监管/有序发展；

拼音 Z 开头：坚持政策引领/遵循规律/政策引导/重点突破/重心

下移/整体协同/政务公开/总量控制。

2. 以"坚持"开头的双句式

拼音 C 开头：坚持创新驱动，科技赋能/创新驱动，绿色发展/城乡统筹，共建共用；

拼音 D 开头：坚持党委领导，各方参与；

拼音 F 开头：坚持服务大局，服务人民/分类施策，规范发展/分类推进，分步实施/防控风险，守住底线/覆盖全民，公益导向；

拼音 G 开头：坚持规划引领，共建共享/规范发展，阳光运行/改革开放，规则衔接/改革创新，试点示范/改革创新，协同推进；

拼音 H 开头：坚持夯实基础，强化能力；

拼音 J 开头：坚持健全法制，规范发展/技术引领，建管并重；

拼音 K 开头：坚持科学规划，分步实施/科学规划，特色发展/科学布局，统筹城乡；

拼音 L 开头：坚持立破并举，完善制度；

拼音 M 开头：坚持明晰责任，严格监督/明晰支出责任，统筹多元资金；

拼音 R 开头：坚持人民至上，服务大局；

拼音 S 开头：坚持市场运作，政府支持/数字赋能，精准治理/实行"一类一策"，分类有序推进；

拼音 T 开头：坚持统一领导，全面规范/统一要求，差别管理/突出重点，分步实施/突出重点，夯实基层；

拼音 W 开头：坚持为民服务，高效精干/问题导向，目标导向/稳中求进，守正创新/文化引领，产业带动/完善配套，同步建设；

拼音 X 开头：坚持系统谋划，综合施策/系统谋划，聚焦短板/系统协同，稳妥推进/系统谋划，分类指导/系统治理，分类施策/效益导向，分类施策/协同联动，一体发展/信息共享，加强应用；

拼音 Y 开头：坚持有效市场，有为政府/依法监管，精准发力/因地制宜，分类施策/因地制宜，注重实效/因地制宜，合理布局/因地制宜，激励相容；

拼音 Z 开头：坚持政府主导，多方参与/政府引导，市场为主/政府推动，社会共建/政府主导，市场运作/政府主导，多元共治/政府引导，市场运作/政府引导，多方参与/政府调控，市场调节/遵循规律，分类指导/整合资源，协调发展/注重预算绩效，强化监督管理。

3. 其他形式

（1）突出政治标准/突出关键地位/深化改革创新/加强分类指导/加强统筹设计/强化统筹实施/强化协同配合/强化能力训练/注重改革创新。

（2）坚持国家政策引领/坚持遵循市场导向/坚持创新绿色发展/坚持开放交流合作。

（五）主要目标常用表达

1. □□□□年底前，□□□□□□□□□□，□□□□□□□□□□□□。

2. 经过三至五年的□□□□□□，□□□□□□跃居全□前列，□□□□□□全面提升，□□□□□□明显增强，□□□□□□显著提高，率先□□□□□□□□□□□。

（六）高度重视要求常用表达

1. □□□□□□要进一步提高政治站位，将□□□□□□工作作为□□□□□□□□□□□的重要举措，加强组织领导，压实主体责任，出台配套政策，细化工作举措，确保取得实效。

2. □□□□□□要深刻认识□□□□□□的紧迫性、艰巨性、长期性，增强思想自觉和行动自觉，切实承担主体责任，加强组织领导，制订实施方案，强化□□协同，建立激励机制和考核机制，发扬钉钉子精神，持续推动□□□□□□发展。

（七）属地责任落实要求常用表达

1. 地方各□□□□□要落实□□□□□□属地责任，健全□□□□□□统筹协调机制，落实人员和工作经费，推动□□□□□工作有效开展。要将□□□□□□工作纳入地方政府绩效考核体系，科学设定考核指标，完善考核评价机制，定期开展评估，确保各项任务落实到位。

2. 各□□□□□□是□□□□□□工作的责任主体，要严格落实责任，加强组织实施，将□□□□□□作为□□□□□□的重要内容抓实抓好，纳入绩效考核内容，明确目标任务，细化具体举措。

3. 地方各级□□□□要将□□□□□□摆到重要议事日程，纳入经济社会发展规划，制订工作方案，完善配套政策，建立健全相应议事协调机构和工作机制，全面加强统筹协调和综合管理。

4. □□□□□牵头负责推进□□□□□□，做好调查研究、政策解读、协调指导、督促落实、总结评估等工作。□□□□□对本地区□□工作负总责，要建立健全□□□□□□、□□□□□□等部门牵头，各部门分工负责的工作机制，强化责任落实，扎实推进改革。

5. 落实属地责任，□□□□□□主要负责人对属地防控工作负总责。各□□□□□□要建立由1名负责同志牵头，□□□□□□、□□□□□□等部门和单位参与的□□□□□□专班，落实属地责任，明确各环节职责分工和责任人，统筹各方力量做好□□□□□□工作。

6. 各□□□□□□要加强组织领导和督促落实，统筹做好□□□□□□，把□□□□□□各项工作做细做实。同时，要及时总结典型经验，把一些好的政策和做法规范化、制度化，重要情况及时报送□□□□□□。

（八）部门责任落实要求常用表达

1. 落实部门和行业责任，强化行业、系统管理，制定好□□□□□□措施并落实到位。各有关部门要按照各自职责，切实做好本行业、本系统的□□□□□□工作。

2. 各有关部门要各司其职、各负其责，加大指导、支持和督促力度，确保各项任务落实到位。

3. 各部门要按照分工要求，一把手亲自抓、负总责，抓紧制订推进重点工作的实施方案，于□□月□□日前报□□□□□□。要细化分解任务，建立工作台账，明确时间表、路线图，严格执行工作责任制，做到有措施、有目标、有责任人。

4．各有关部门要加强对□□□□□□面临困难和问题的调研，总结经验做法，加强政策储备，适时推动出台；要加大对地方的指导支持力度，扎实推动各项政策措施落地见效。

5．落实单位主体责任，各单位要建立健全□□□□□□工作责任制和管理制度，配备必要的□□□□□□物品、设施，开展宣传教育。

（九）责任落实综合要求常用表达

1．各有关方面要根据本通知要求，结合职责分工和工作实际，认真抓好贯彻落实。□□□□□□政府要加强统筹协调，细化实化各项政策措施，确保落地见效。各有关部门要密切配合，齐抓共管，形成合力。□□□□□□要加强对本通知落实工作的跟踪督促，重大情况及时向□□□□□□报告。

2．□□□□□□领导小组负责统筹推进□□□□□□建设，审议相关重大任务、政策措施。□□□□□□部门要加强组织协调，明确责任分工，细化目标任务，强化督促落实。有关部门要根据本方案制定实施细则，研究落实促进□□□□□□的相关政策措施。地方各级□□要将□□□□□□建设工作纳入重要议事日程，建立协调推进机制，结合实际抓好组织实施。

（十）完善协调机制要求常用表达

1．在□□□□□□联席会议机制下，召开□□□□□□专题会议，由□□□□□□、□□□□□□、□□□□□□等部门和单位参加，统筹和审议□□□□□□的战略规划、发展方向、领域布局、重点任务、项目启动、运行管理机制、□□□□□□管理和□□□□□□政策等。

2．□□□□□□、□□□□□□等部门要建立工作会商机制，加强统筹协调，强化政策衔接，及时沟通进展情况，研究解决重大问题，重大情况及时按程序向□□□□□□请示报告。

3．要落实□□□□□□联席会议工作机制，提升协作层次，加强政策衔接、规划引导和工作协调，健全信息互换、监管互认、执法互助机制，提高协作效率。

4．加强统筹协调工作。□□□□□□工作领导小组要加强组织领导，切实抓好政策制定、□□□□□□协调、宣传教育等工作，统筹协调各成员单位形成更加有效的治理模式。积极发挥□□□□□□联席会议制度的作用，加强机制间的沟通协调，调动各方积极性，形成工作合力。

（十一）改革推进要求常用表达

1．各□□□□□□要充分认识□□□□□□改革工作的重要性、复杂性和艰巨性，将该项工作列入重要议事日程，明确责任主体，加强组织领导，建立协同推进的工作机制，统筹推进□□□□□□改革。要周密制定、统筹实施试点方案，细化分解任务，明确时间节点，层层压实责任，确保改革措施落地见效。

2．□□□□□□要统筹推进□□□□□□创新试点工作，牵头制定改革事项清单，做好协调督促、总结评估、复制推广等工作。各有关部门要结合自身职责，协调指导推进相关改革，为□□□□□□先行先试创造良好条件。各□□□□□□要制订本地区实施方案，坚持稳步实施，在风险总体可控前提下，科学把握改革的时序、节奏和步骤，推动创新试点工作走深走实，实施方案应报□□□□□□备案并向社会公布。

3．有关部门要结合自身职能，对涉及的重大改革事项抓紧制订细化方案和具体措施，逐条抓好落实。对一些关系全局、综合性强的改革发展举措，要建立健全工作机制，加强系统研究、整体设计、联合攻关。

4．建立改革事项动态更新机制，分批次研究制定改革事项清单，按照批量授权方式，按程序报批后推进实施，定期对□□□□□□工作进行评估，对实践证明行之有效的改革措施要及时在更大范围复制推广，对出现问题和风险的要及时调整或停止实施。试点中的重要情况，有关□□和部门要及时向□□□请示报告。

5. 要结合实际稳步推进□□□□□□工作，对于□□□□□□□□□□□□等事项，□□□□□□要夯实监管责任，逐项明确监管措施，完善监管机制，实现事前事中事后全链条全领域监管，确保改革平稳有序推进。工作推进实施中的重要情况，要及时向□□□□□请示报告。

6. 结合实际，抓紧制订实施方案，明确任务分工和时限要求。精心实施，密切协作，形成合力，积极推进改革任务落地。加强对落实情况的监督检查、跟踪分析和通报，对出现的新情况、新问题，及时研究解决。

7. 强化指导协调。□□□□□□要加强对□□□□□□的宏观指导、综合协调、督促推进和检查评估，适时总结并推广改革经验，重大改革进展情况和问题及时报告□□□□□□。

（十二）资金、人员等工作保障要求常用表达

1. 各地区要加大对□□□□□□系统建设、人员培训等的财政保障力度。组织开展□□□□□□业务培训，持续提升工作人员的综合素质和服务水平。落实好对一线人员的政策保障、权益保护等措施，对表现突出或者贡献突出的单位和个人，按照国家有关规定给予表彰奖励。

2. 各地要进一步强化□□□□□□建设，在人员配备、经费投入等方面予以保障，□□□□□□、□□□□□□等要明确专兼职□□□□□□工作人员，推动□□□□□□各项工作落实到城乡基层。加强□□□□□□工作人员能力建设，提高统筹谋划、协调动员、科学管理等能力水平。

3. 要根据本地区□□□□□□形势和实际需要，统筹安排资金，加强人员保障，确保工作任务和政策服务落实。

4. 各地要加大□□□□□□资金投入，加快资金拨付进度，为□□□□□□□□□□□□提供有力支撑。

5. 要切实履行□□□□□□投入责任，确保所需经费、物资及时到位，按规定落实相关补助政策。

（十三）督促检查要求常用表达

1. 要强化督导检查，建立通报机制，对□□□□□□中的突出问题进行通报，问题严重的依法依规严肃问责。

2. □□□□□□要强化对落实情况的跟踪指导，及时总结推广典型经验做法，广泛听取□□□□□□对□□□□□□的意见与诉求，畅通投诉举报渠道，协调解决落实中的问题，适时进行专项检查，对工作成效显著的地方予以表扬激励，对工作推进不力、进度滞后的地方及时督促整改。

3. 各地区要加强对□□□□□□的监督检查，全面落实工作任务和各项政策措施，对政策措施不到位、建设进度缓慢、□□□□□□的□□□□负责人进行约谈，限期整改。

4. 各地要严肃纪律，依纪依法坚决迅速查处工作落实中作风漂浮、敷衍塞责、推诿刁难、弄虚作假、不作为等问题。进一步加强资金监管，及时查处和曝光虚报冒领、截留私分、贪污挪用等问题。

5. 持续开展□□专项检查、暗访督查、稽查督导和质量巡检，督促有关□□依法依规对发现的问题及时进行整改，对落实不力的责任单位和相关人员实施责任追究。

6. 坚持"花钱必问效、无效必问责"，充分发挥纪检监察、审计和稽查等部门作用，加强资金监管，确保资金安全。

7. □□前，各□□要开展□□□□□□演练，□□□□□□对演练情况进行检查指导。

（十四）宣传引导要求常用表达

1. 要充分利用报纸、广播、电视、网络、新媒体等载体，加大宣传力度，及时宣传报道相关典型做法和工作成效，促进相互学习借鉴。加强舆论引导，及时回应群众关切。

2. 充分利用各类媒体特别是互联网、移动客户端等新媒体，全方位、多层次宣传□□□□□□，提升宣传效果，凝聚全社会共识，引导群众关心关注、积极参与。畅通监督渠道，主动接受社会和群众监督，及时回应社会关切，认真解决群众反映的问题，不断提高群众满意度和获得感。

3. 要积极开展□□□□□□宣传教育。通过报纸、广播电视、新媒体等渠道，加强正面宣传，积极报道典型做法、先进单位和个人，营造良好社会氛围。发挥媒体监督作用，加强对违法违规问题的曝光。

4. 开展□□□□□□专项宣传，及时提供通俗易懂的政策解读。开展□□□□□□等典型宣传活动，引导□□□□□□。做好舆论引导，及时回应社会关切。

5. 要加强舆论引导，及时宣传□□□□□□□□□□□□的惠民政策和有力举措，进一步强信心、暖人心、聚民心。

6. 各□□□□□□要做好□□□□□□工作培训和宣传解读，调整优化业务流程，修订完善工作规则和服务指南，确保改革措施全面落实。

7. 要加强舆论引导，积极营造支持□□□进一步深化改革、促进□□□□□□发展的良好氛围。

第三节 老秘心得

（一）实战步骤

就政策类公文而言，解渴管用的干货才是王道。在拟写前，要紧紧围绕三个问题。一是这个文件究竟要解决什么问题，二是各级分别是怎么要求的，三是干货措施怎样才能炼成。前两个问题虽关系到文件的总体盘子，但却相对容易回答，可集中就文件的起草背景进行研究，从上到下全面梳理政策文件、领导批示指示要求、本地具体情况等。

总体盘子逐步清晰后，要马上将注意力集中到干货措施"面"（框架）的布局和"点"（一条条措施）的制定上来。对于超出单位自身职能的综合性政策文件，要边积攒、边梳理、边研究。比如，在一次综合性政策拟定中，我们通过不断变化关键词，在百度上一篇篇地搜集汇总了 31 个省（市、区）和部分市县的政策，用 word 排好版并插入页码和目录。在汇总的时候，把有参考借鉴的地方用红色进行了标记。

待这个 word 文档形成，对这些政策也完成了初步泛读。紧接着趁热打铁，带着前面的第一个、第二个问题，对文档进行了精读，结合本地实际和之前储备，对干货措施"面"的布局和"点"的制定的思路基本有了雏形。之后，同服务对象进行多次座谈，进一步明确其具体需要；同相关单位等进行多次座谈，进一步明确具体能给什么，给到什么程度，如何给。再待反复征求意见、反复修改和履行相关程序后，一篇政策文件就发布实施了。

（二）关于体例架构

政策类公文的体例架构，可以说是千变万化、文无定法。在拟写过程中，**一要**遵循领导意见，从更有利于展现领导意图的角度布局；**二要**遵循发文机关类似文件体例，从遵从惯性体例的角度布局；**三要**遵循形式服务于内容的原则，从更有利于突出工作举措和便于组织实施的角度布局；**四要**遵从改进文风的各项规定，除少数极为重要的政策文件外，建议选用本章的"模板2"，简明扼要进行拉条表述。

（三）关于责任分解

文件出台时就逐条明确责任，是政策能够得到及时有效落实的保障，能够最大限度避免相关政策举措无人认领的被动局面。关于"重点任务"部分，"责任分解"的表述方式主要有五种：**一是**"（□□□□□□、□□□□□□等按职责分工负责）"；**二是**"（□□□□□□牵头，□□□□□□、□□□□□□等按职责分工负责）"；**三是**"（□□□□□□负责）"；**四是**"（□□□□□□、□□□□□□等相关部门及各地区按职责分工负责）"；**五是**"（各部门各地区按职责分工负责）"。这五种均可直接列入每段末尾。

关于"组织实施"部分，"责任分解"的表述方式主要有三种：**一是**"（各地人民政府负责）"；**二是**"（各有关部门按职责分工负责）"；**三是**"（□□□□□□牵头负责）"。若做到文件印发之时就对责任界定明白，须在文稿初步形成和意见征求阶段充分征求责任相关单位意见并达成一致。正式印发之前，还应留存其反馈的无意见的函件。

第三章　征求意见类函

第一节　共性模板

□□□□□（部门、单位或议事协调机构名称）
关于征求《□□□□□□□□□□（征求意见稿）》
意见的函

各□□□□□、□□□□□□：

为贯彻落实□□□□□□□□□，□□□□□□□□□□，根据《□□□□□□□□□》等文件精神，我□□□□□组织起草了《□□□□□□□□□（征求意见稿）》。现送你厅/你局/贵单位/你单位征求意见，请于□□□□年□□月□□日前将意见建议，以正式文件形式反馈我□□□□□，并请发送电子版。

联系人：□□□　　　电话：□□□□□□
传真：□□□□□□
电子邮箱：□□□□□□
地址：□□□□□□□□□□
附件：□□□□□□□□□□（征求意见稿）

（**注**：更多起草印送、反馈类语句，可参考本章"常见套件及高频词语"）

□□□□□□
□□□□年□□月□□日

第二节 常见套件及高频词句

（一）起草表述常用表达

1. 根据《□□□□□□□□□□》和《□□□□□□》的要求，□□□□□□会同□□□□□□等组织起草了《□□□□□□□□□（征求意见稿）》。

2. 为贯彻□□□□□□□□□□□□□□□□□□，在征求有关部门和相关单位意见的基础上，我□□□□□□起草形成了《□□□□□□□□□□（征求意见稿）》。

3. 为□□□□□□□□□□，我□□□□□□组织力量对□□□□□□进行修订，形成了《□□□□□□□□□□（征求意见稿）》。

（二）印送、反馈常用表达

1. 现送你单位征求意见/再次送你单位征求意见，请结合工作研提意见，将书面意见于□□□□年□□月□□日前反馈□□□□□□，并将电子版发送至□□□□□□。

2. 现印送你们，请于□□□□年□□月□□日前，将修改意见反馈至我□□□□□□。

3. 现印发给你们，请研究提出修改意见建议。有关意见建议请于□□□□年□□月□□日前反馈至□□□□□□。

（三）其他常用表达

1. 逾期未反馈视为无意见。

2. 征求意见文本电子版请在□□□□□□网站（网址：□□□□□□）"征求意见"栏目下载。

第三节 老秘心得

征求意见函是机关工作常见类型，属于法定公文类型"函"的一种，在撰写时需要注意以下几个方面：

（一）注意行文语气

函适用于不相隶属的机关之间商洽工作、询问和答复问题、请求批准和答复审批事项。切记它必须用在不相隶属的单位之间。行文语气上，不管是来函还是复函，都尽量做到平等协商，避免庸俗客套、唯唯诺诺，或者指示命令、强人所难。

（二）留足反馈时间

在征求相关单位意见时，要综合考虑收发、报送、研究相关内容时间，避免时间仓促，引起不满。另外，如果感觉征求意见内容不需要函复或者适当引起相关单位重视，可以加上"逾期不反馈视为无意见"。

（三）注意结尾语

征求意见函属于需要复函的类型，所以结尾可使用"请予函复"或"以上请予支持并盼复"。有的函属于不需要回复的类型，结尾用语有"特此致函""专此函告""以上请予支持为盼"等。

第四章　修改意见类复函

第一节　共性模板

模板1（单位无意见类复函）

□□□□□□（注：部门、单位或议事协调机构名称）
关于对《□□□□□□□□□□（征求意见稿)》
的复函

□□□□□□：

你厅/你局/贵单位/你单位《□□□□□□□□□□（征求意见稿)》收悉。（注：收文情况）经研究，我□□□□□□无修改意见。（注：回复意见）

特此复函/函复。（注：结尾语）

□□□□□□
□□□□年□□月□□日

模板2（单位有意见类复函）

□□□□□□（部门、单位或议事协调机构名称）
关于对《□□□□□□□□□□（征求意见稿)》
的复函

□□□□□□：

你厅/你局/贵单位/你单位《□□□□□□□□□□（征求意

见稿）》收悉（注：收文情况）。经认真研究，我□□□□□提出如下修改意见。

一、建议将第□□页第□□段第□□行/第□□条第（□□）点第□□款中"□□□□□□□□□□"修改为"□□□□□□□□"。修改理由：□□□□□□□□□□□□。

二、建议将第□□页第□□段第□□行/第□□条第（□□）点第□□款中"□□□□□□□□□□"修改为"□□□□□□□□"。修改理由：□□□□□□□□□□□□。

三、建议□□□□□□□□□□□□□□□□□□□□。修改理由：□□□□□□□□□□□□□□□□□。
（注：回复意见）

特此复函/函复。（注：结尾语）

□□□□□□
□□□□年□□月□□日

模板3（单位有意见类复函）

□□□□□□（部门、单位或议事协调机构名称）
关于对《□□□□□□□□□（征求意见稿）》
的复函

□□□□□□：
你厅/你局/贵单位/你单位《□□□□□□》收悉。经研究，提出修改意见如下。

一、□□□□□□□□□□□□。

二、□□□□□□□□□□□□。

三、□□□□□□□□□□□□。

……

特此复函。

□□□□□□
□□□□年□□月□□日

第二节 老秘心得

在复函行文中，在介绍收文情况时，通常使用"你单位《□□□□□□□□□□（征求意见稿）》收悉"，"收悉"是收到并知悉的意思，不用"已收悉"。

第五章 邀请函

第一节 共性模板

 模板1（对某人或者具体单位发出邀请）

邀请函

尊敬的□□□先生（女士）/□□□□□：

　　□□月□□日至□□日，我□□□□□将举行□□□□□活动，特邀请□□□□□（**注**：被邀请人或者单位名称）前来参加。

　　□□□□□（被邀请人或者单位名称）□□□□□、作风优良，受到广大群众的喜爱，享有很高的声誉。（**注**：对被邀请人的敬语，相关表述可借鉴"常见套件及高频词句"）这次活动我们安排□□□□□等，对于营造□□□□□氛围，提高□□□□□水平，丰富□□□□□□□□生活具有重要意义。如蒙同意，近期我们将就□□□□□等细节进行商谈。

　　以上请予支持并盼复。

□□□□□
□□□□年□□月□□日

模板 2（面向社会公开邀请）

邀请函

□□□□□□：

　　□□□□□□是经□□□□□□批准，由□□□□□□主办，□□□□□□协办的□□□□□□，致力于打造引领□□□□□□的盛会，展示□□□□□□的舞台。（**注：邀请事由**）

　　首届□□□□□□于□□□□年□□月□□日至□□日在□□□□□□成功举办。□□□□□□亲致贺信，□□□□□□出席开幕式，宣读贺信并作讲话。展会大咖云集，□□□□□□、□□□□□□、□□□□□□发表对话演讲；□□□□□□□□□。首届□□□□□□在社会各界引起了高度关注和强烈反响，成为□□□□□□的一次盛会。（**注：说明以往活动举办的情况，可省略**）

　　本届□□□□□□定于□□□□年□□月□□日至□□日在□□□□□□举办。其间，将举办□□□□□□□□□□□□□□□。其中，开幕式暨主题峰会邀请□□□□□□□□□，围绕□□□□□□□□□□□，就□□□□□□□□□□等历史性战略机遇，□□□□□□□□□□□。

　　现诚挚邀请□□□□□□领域领军企业和行业翘楚参加□□□□□□，展示最新成果，参与产业对接，□□□□□□□□□□，共谋合作发展，共创美好未来！（**注：邀请理由、要求**）

　　□□□□□□网站：□□□□□□

　　联系人：□□□□□□；联系方式：□□□□□□

　　附件：关于邀请参加□□□□□□展会的函

□□□□□□
□□□□年□□月□□日

模板 3（面向社会公开邀请，与通知类似，但语气要更加诚恳）

邀请函

□□□□□□：

  为深入贯彻□□□□□会议上的讲话精神，落实《□□□□□□□□□□□》精神，优化□□□□□□，完善□□□□□，□□□□□□，现定于□□月举办□□□□□□会。

  一、举办时间

  □□□□□□□□□□□。

  二、邀约范围

  □□□□□□□□□□□。

  三、举办地点

  □□□□□□□□□□□。

  四、参会方法

  1. 报名方法：□□□□□□□□□□□。

  2. 报名时间：□□□□□□□□□□□。

  3. 联系方式：□□□□□□□□□□□。

  五、入场须知

  □□□□□□□□□□□。

  感谢拨冗出席，并请于□□月□□日前将《□□□□□□报名表》（见附件）发至组委会指定邮箱。

  附件：□□□□□□报名表

  此函。

□□□□□□

□□□□年□□月□□日

第二节 常见套件及高频词句

1. 对个人或者单位邀请常用表达

素仰您学养深厚，在□□□□□□领域成绩卓著，特奉函诚邀光临□□□□□□。

敬请阁下莅临会议。

专此邀请，敬祈回函。

如蒙同意，我们将□□□□□□。

2. 面向社会邀请常用表达

诚邀社会各界人士共话□□□□□□。

故在此邀请您参加□□□□□□会，共叙□□□□□桑梓情，共谋□□□□□□发展路。

尊席诚待，洗尘恭候。

感谢拨冗出席□□□□□□。

特此邀请。

第三节 老秘心得

（一）称谓要正式

邀请某人参加活动时，称谓要用全称，如果是两个名字，中间要用和，不用顿号或者逗号，公开邀请函例外。模板中举了"尊敬的□□□先生（女士）"称谓例子，也可以使用职务、职称等。比如，尊敬的□□□董事长/处长等。

（二）交代要周详

邀请函中的事项、原由、时间、地点、要求等，一定要交代详细、准确，避免给被邀请人造成不必要的麻烦。

（三）语气要得体

邀请函不像通知，后者就是简单告知被邀请人一件事情，而前者是向他发出诚挚邀请，要从语气上显示出邀请方的诚意，切忌生硬冷漠。结尾要对被邀请人的到来表示热切期望和真诚感谢。

第六章　会议纪要

第一节　共性模板

□□□□□会议纪要/
□□□□□20□□年第□次□□会议纪要
□□纪要〔□□□□〕□□号

20□□年□□月□□日，□□□□□□在□□□□□□会议室主持召开□□□□□□会议。会议传达学习□□□□□、□□□□□□，审议《□□□□□□》《□□□□□□》，研究部署□□□□□□、□□□□□□等工作。纪要如下：

一、传达学习□□□□□□□□□□□□□。会议指出，□□□□□□对□□□□□□提出明确要求，为下一步□□□□□□指明了方向，提供了遵循，要结合实际抓好贯彻落实。会议要求，要□□□□□□□□□，□□□□□□□□□□，□□□□□□□□□□，切实把思想和行动统一到□□□□□□决策部署上来。

二、研究审议《□□□□□□□□□□》。会议听取了□□□□□□□关于《□□□□□□□□□□》有关情况的汇报。会议原则同意《□□□□□□□□□□（送审稿）》。由□□□□□□根据本次会议讨论意见作进一步完善后，按程序印发。会议指出/认为/强调，□□□□□□□□□□。会议要求，□□□□□□□□□。

三、听取□□□□□□□□□□的汇报。会议听取了□□□□□□关于□□□□□□□□□情况的汇报。会议原则同意下一步工作建议。会议指出/认为/强调，□□□□□□□□□□□。会议要求，□□□□□□□□□□。

四、部署□□□□□□□□□□工作。会议强调，□□□□□□□□□□□□□。会议要求，□□□□□□□□□□□。

五、通报□□□□□□□□□□情况。会议通报了□□□□□□□□情况。会议认为□□□□□□□□□□□。会议要求，□□□□□□□□□□。

会议还研究了其他事项。

出席：□□□，□□□，□□□，□□□，□□□

列席：□□□□□□部/厅/局/处/科/室/股□□□，□□□□部/厅/局/处/科/室/股□□□，□□□□部/厅/局/处/科/室/股□□□……

第二节 常见套件及高频词句

（一）帽段常用表达

1．□□□□□□出席会议并作有关说明。□□□□□□、□□□□□□等□□个成员单位的有关负责同志出席会议并作交流发言。

2．研究议定有关事项，现纪要如下。

3．会议议定以下意见。

（二）传达学习常用表达

1．□□□□□□具有很强的战略性/前瞻性/引领性/针对性/指导性，必须掌握核心要义，抓好贯彻落实。

2．要认真学习领会讲话精神，特别是要深刻领悟□□□□□□□□□□□□□，结合工作实际抓好贯彻落实。

（三）讨论审议常用表达

1．参加会议的负责同志分别就报告修改完善提出意见建议。

2．□□□□□□□□要进一步与□□□□□□□等相关□□部门沟通对接，根据会上所提意见建议对《□□□□□□》进一步修改完善，报请□□□□□□□审核后，以□□□□□□□名义印发实施。

3.《□□□□□》明确了□□□□□□□□□□□工作的总体目标、重点任务和相关保障措施，要求明确，操作性强。□□□□□□要牵头抓好组织实施，统筹推进各项重点工作。各地各相关部门要根据任务分工和工作要求，认真抓好落实。

第三节 老秘心得

（一）实战准备

接到拟写会议纪要的任务后，建议做好四个方面工作：一是找单位之前的同类会议纪要，以作为体例遵循；二要弄清会议议题、参加人员等情况，提前搞到汇报材料等会议相关材料，对拟研究讨论的议题进行详细了解；三要准备一支录音笔并充好电，做好全面记录的准备；四要集中精力做好会议记录，重点就会议召集人发言等进行速记。

（二）关于出席人员、列席人员等写法

除模板中的写法外，一般还有两种写法。一是写在正文最后一段，具体写法可参照："□□□、□□□、□□□、□□□、□□□参加会议。□□□、□□□、□□□、□□□□□列席会议。□□□、□□□因公请假。□□□作会议记录。"二是写在正文开头，参照模板中"出席：□□□、□□□、□□□……""列席：□□□、□□□、□□□……"的写法。有的亦将"时间：20□□年□□月□□日""地点：□□□□□□会议室""主持：□□□""记录：□□□"一并列上。从顺序上看，一般将"出席：□□□、□□□、□□□……""列席：□□□、□□□、□□□……"列在"主持：□□□""记录：□□□"之间。具体采取哪种写法，建议询问本单位办公室，遵循惯例即可。

第七章　通告

第一节　共性模板

模板 1

□□□□□（部门、单位或者议事协调机构名称）
关于□□□□□□的通告
□□□□年第□□号
（或者□□□□通告/通/发/函〔□□□□〕□□号）

为□□□□□□□□□□□□，加强/深化/推进/促进/提升/推动□□□□□□□□□□□，根据□□□□□□□□□□规定，□□□□□□拟/决定/将□□□□□□□□□□□。现通告如下/现将有关事项通告如下/有关事项通告如下/具体通告如下：

一、□□□□□□□□□□□□□□□□。
二、□□□□□□□□□□□□□□□□。
三、□□□□□□□□□□□□□□□□。
……

特此通告。

□□□□□□
□□□□年□□月□□日

（注：帽段和结尾更多表述，可参考本章"常见套件和高频词句"。中间主体部分视情直列干货）

模板 2

□□□□□□（部门、单位或者议事协调机构名称）
关于公布/发布《□□□□□□□□□□》的通告

为□□□□□□□□□□，加强/深化/推进/促进/提升□□□□□□□□□□□，根据□□□□□□□□□□规定，□□□□□□□制定/修订了《□□□□□□□□□□》，现予发布，自发布之日起实施。

附件：□□□□□□□□□□

□□□□□□□
□□□□年□□月□□日

（注：具体附件略）

第二节 常见套件及高频词句

（一）帽段缘由常用表达

1. 为□□□□□□□□□□□□□□□□□□□□□□，□□□□□□近期对□□□□□□实施了□□□□□□□。现将有关情况通告如下。

2. 为□□□□□□□□□□□□，□□□□□□□□□□□□□□□□□□决定 20□□年底前实施□□□□□□□□□□□措施。有关事项通告如下。

3. 为□□□□□□□□□□□，□□□□□□□□□□□□□，根据国家有关法律法规，现就加强□□□□□□安全管理的规定通告如下。

4. 为□□□□□□□□□□□□，□□□□□□□□□□□□□□，

根据□□□□□□□□□□□规定,现将《□□□□□□□□□□□》通告如下,请遵照执行。

5.《□□□□□□□□□□□》已经□□□□□□会议讨论通过,现予发布,自20□□年□□月□□日起施行。

(二)文末常用表达

上述措施自发布之日起实施,20□□年□□月□□日截止。

第三节 老秘心得

通告,适用于在一定范围内公布应当遵守或者周知的事项。通告、通知、通报三者虽然只有一字之差,但应用范围、作用、目的都不相同。通知应用最为广泛,最为常见;通报主要用来表扬先进,批评错误;通告是宣布有关规定和遵守事项,公布某些单位和个人应当周知或者办理的一般性事宜。

第八章　工作报告

第一节　共性模板

模板1

□□□□□（部门、单位或者议事协调机构名称）
关于□□□□□□□□□情况的报告

□□□□□□：

□□□□□□□□□□，□□□□□□□□□□□□。现将□□□□□□情况报告如下：（**注**：此部分为总写，相关表述可借鉴本章"常见套件及高频词句"）

一、工作回顾/基本情况/重点工作情况/取得成绩（**注**：第一部分也可拆分为两部分写，比如分为取得成绩、采取措施等，相关表述可借鉴本章"常见套件及高频词句"）

（一）□□□□□□□□□□。
（二）□□□□□□□□□□。
（三）□□□□□□□□□□。
……

二、主要问题/存在的不足（**注**：可以同第一部分合并放在其后面，相关表述可借鉴本章"常见套件及高频词句"）

（一）□□□□□□□□□□。
（二）□□□□□□□□□□。

（三）□□□□□□□□□□□。

……

三、下一步打算/举措/建议/思路（**注：**相关表述可借鉴本章"常见套件及高频词句"）

（一）□□□□□□□□□□。

（二）□□□□□□□□□□□。

（三）□□□□□□□□□□□。

……

第二节　常见套件及高频词句

（一）帽段常用表达

面对□□□□□□形势，在□□□□□□坚强领导/直接领导/正确指导/监督支持下，我们坚持以□□□□□□为指导，全面贯彻落实/坚决贯彻□□□□□□精神/部署，紧扣□□□□□□目标任务，坚持□□□□□□基调，科学统筹/扎实做好/奋发有为推进/顺利完成/率先取得/全面建成□□□□□□，□□□□□□取得重大进展/呈现新气象/迈上新台阶/圆满完成/顺利收官。

（二）总结成果常用表达

1. □□□□□□取得重大战略成果/标志性成果/决定性成就/决定性成效/积极成效/全面胜利/重大突破/重大进展/关键进展/重大成果/新成效/新提升/新突破。

2. □□□□□□迈出新步伐/再上新台阶/达到新水平/实现新跃升。加快成长/加快发展/成效显著/焕然一新/明显提高/显著增强。

3. □□□□□□持续稳中向好/得到有力保障/进一步优化/进一步深化/稳中有进/持续改善/深入推进/不断深化/不断优化/不断提高/趋稳向好/不断提升/稳步提升/深入推进。

4. □□□□□□圆满收官/圆满完成/如期完成。（更多成果类词语，可查《笔杆子是怎样炼成的：公文写作实战》"下篇"部分。）

（三）提出问题常用表达

1. 在肯定/总结成绩的同时，我们清醒地认识到/看到，□□□□□□不大/不快/不强/不优，□□□□□□□任务依然较重/亟待解决/仍需提高，□□□□□□任务还有差距/还不够到位/还需进一步改进。

2. 在肯定成绩的同时，我们也清醒地看到存在的问题和不足/仍然存在不少困难和问题/前进中的困难和挑战。主要是：□□□□□□困难和挑战依然较多/仍有不少风险隐患/还有不少短板/仍不同程度存在。

（四）下步举措常用表达

1. 下步举措最常见套件是"修饰词+动词+□□□□□□"，比如，"加快+改善+城乡人居条件"。

2. 常见修饰词包括积极/不断/全面/全力/坚决/注重/切实/扎实/精准/统筹/深入/倾力/加快/大力/持续/进一步/高标准/高质量/高水平/更大力度/毫不放松。

3. 常见动词包括强化/建设/打造/推动/推进/支持/深化/发展/构建/实施/擦亮/提高/提升/做强/做好/抓好/落实/维护/健全/培育/促进/扩大/加大/加强/执行/优化/壮大/防范/激发/完善/营造。

第三节　老秘心得

报告适用于向上级机关汇报工作、反映情况，回复上级机关的询问。本章介绍的报告是工作报告，是在机关工作中经常看到的以红头文件印发的报告，区别于第三大部分的调研报告、第二大部分的述职报告，因为后两种通常不会以红头文件印发。

请示和报告是党政机关常用的两种公文，两者行文对象都是上级机关。在实际工作中，混用请示与报告的现象时有发生，但其实两者有着明显不同：**一是**行文时间不同。请示必须事前行文。报告则事前、事中、事后都可以，甚至在材料中还经常提到"落实情况要事后报

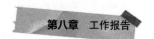

告"。**二是**内容量不同。请示必须一事一请示,而不能夹杂其他内容。报告则可以多个事情同时报告。**三是**对上级机关要求不同。上级机关收到下级机关请示后,必须给予批复,但收到报告后可以答复,也可以不答复。

第九章 通报

第一节 共性模板

模板1（表扬类通报）

□□□□□（部门、单位或者议事协调机构名称）
关于对□□□□□予以表扬的通报

□□□□□：

在□□□□□活动/工作中，□□□□□□□□□，取得□□□□□优异成绩，充分展现了□□□□□□□□□精神面貌，展示了□□□□□□□□雄厚实力，体现了□□□□□□□□□高超水平。

为鼓励先进、宣传典型，根据《□□□□□□□□□□》，经研究，现对□□□□□等单位，对□□□□□等个人予以通报表扬。（**注**：帽段、第二段交代表扬原因、依据和内容，相关表述可借鉴本章"常见套件及高频词句"）

希望受到表扬的单位和个人发挥表率作用，戒骄戒躁、再接再厉、再创佳绩。（**注**：对受表扬的提希望，相关表述可借鉴本章"常见套件及高频词句"）□□□□□要以受表扬的单位为榜样，埋头苦干、拼搏奉献，为□□□□□□□□□□作出新的更大贡献！（**注**：号召其他人向受表扬者学习，相关表述可借鉴本章"常见套件及高频词句"）

□□□□□
□□□□年□□月□□日

模板 2（批评类通报）

□□□□□（部门、单位或者议事协调机构名称）
关于对□□□□□情况的通报

□□□□□：

今年□□□□□□，□□□□□□发生了□□起事故，造成□□□□□□后果，其中，□□□□□□，□□形势严峻复杂。现将有关情况通报如下。（**注**：整体情况概述加过渡句）

□□月□□日，□□□□□发生□□□□□□事故，造成□□□□□□。

□□月□□日，□□□□□发生□□□□□□事故，造成□□□□□□。

□□月□□日，□□□□□发生□□□□□事故，经过□□□□□□全力救援，□□□□□□。

（**注**：事故过程及具体情况）

近期发生□□□□□□事故，充分暴露出□□□□□□依然存在□□□□□□理念不牢固、吸取□□□□□□不深刻、□□□□□□排查治理不到位等突出问题。一是□□□□□□□□□。二是□□□□□□□□□。三是□□□□□□□□□。（**注**：分析事故发生的具体原因）

根据《□□□□□□□□□□》等相关规定，对□□□□□□□□□□□等单位和个人做出□□□□□□□□□□处理。（**注**：事故处理结果，可省略）

为深刻吸取事故教训，坚决防范和遏制□□□□□□事故发生，确保□□□□□□形势稳定，现提出以下要求：（**注**：对下步工作提出部署要求）

一、进一步牢固□□□□□□理念。□□□□□□□□□□。

（注：思想认识加强方面，相关表述可借鉴本章"常见套件及高频词句"）

　　二、有效防控☐☐☐☐☐风险。☐☐☐☐☐☐☐☐☐☐。

（注：遏制事故发生方面，相关表述可借鉴本章"常见套件及高频词句"）

　　三、努力加大☐☐☐☐☐力度。☐☐☐☐☐☐☐☐☐☐。

（注：加大执法力度方面，相关表述可借鉴本章"常见套件及高频词句"）

　　四、加强☐☐☐☐☐☐宣传教育。☐☐☐☐☐☐☐☐☐。

（注：开展警示教育方面，相关表述可借鉴本章"常见套件及高频词句"）

……

☐☐☐☐☐☐

☐☐☐☐年☐☐月☐☐日

第二节　常见套件及高频词句

（一）表扬通报原因常用表达

1. ☐☐☐☐☐☐☐☐☐☐☐☐☐为助推☐☐☐☐☐发展发挥了积极作用，用☐☐☐☐☐☐☐☐☐☐展现了新时代☐☐☐☐新风采，工作中涌现出一批特别能吃苦、特别能战斗、特别能奉献的先进典型。

2. 为进一步激励☐☐☐☐☐☐☐☐☐☐主动作为、勤勉履职、勇于担当，☐☐☐☐☐☐。

3. 为弘扬正能量，激发持续战斗精神/劳模精神、劳动精神、工匠精神，营造☐☐☐☐☐☐☐☐☐☐的社会风尚，☐☐☐☐☐☐。

4. 为进一步加大☐☐☐☐☐☐☐☐宣传展示力度，营造比学赶超的良好工作氛围，☐☐☐☐☐☐。

5. 为进一步强化正面激励，树立正确的干事创业导向，☐☐☐☐☐☐。

6. 根据《☐☐☐☐☐☐☐☐☐☐☐》，经☐☐☐☐☐☐☐☐☐同意，现对☐☐☐☐☐☐☐☐☐☐☐予以通报表扬。

（二）对受表扬者提希望常用表达

1. 希望受表扬的□□□□□□珍惜荣誉，再接再厉，充分发挥模范带头作用，争取更大成绩。

2. 希望受到表扬的□□□□□□珍惜荣誉、发扬成绩，继续为推动经济社会高质量发展作出积极贡献。

3. 希望受到表扬的单位和个人珍惜荣誉，戒骄戒躁，再接再厉，在今后的工作中再创佳绩、再立新功。

4. 希望受到表扬的先进单位把荣誉作为新的起点，发扬成绩，再立新功。

（三）号召其他人向受表扬者学习常用表达

1. □□□□□要以受表扬者为榜样，牢牢把握□□□□□□主题，认真落实□□□□□□要求，着力聚焦中心工作，□□□□□□□□□□，不断作出新的更大贡献。

2. 各级各部门各单位要以先进为榜样，主动作为、扎实工作，深入学习贯彻□□□□□□，牢固树立□□□□□□理念，协同推进□□□□□□，为□□□□□□贡献更大成绩。

3. 各地、各部门要以受表扬的集体和个人为榜样，大力营造□□□□□□风气，掀起学□□□□□□的热潮，进一步提升□□□□□□规模和水平，加快□□□□□□队伍建设，为□□□□□□提供强有力的人才支撑。

4. 各级各部门和广大干部职工要学习先进、争当先进，紧紧围绕□□□□□□大局和中心工作，以一往无前的奋斗姿态、风雨无阻的精神状态，全力抓好□□□□□□硬任务落实落地，推动□□□□□□不断迈上新台阶。

（四）批评通报中加强思想认识常用表达

1. 强化思想站位，严格落实□□□□□□责任。

2. 对做好当前□□□□□□工作极端重要性的认识要再提升。

3. 要强化政治自觉和责任担当，认真落实□□□□□□工作的部署，层层压实安全生产责任，狠抓各项□□□□□□措施落实。

4. 要深刻认识做好当前□□□□□□工作的极端重要性、紧迫性、复杂性，进一步强化□□□□□□红线意识和底线思维，严格按照□□□□□□部署要求，有效防范化解各类□□□□□□风险。

5. 深刻认识当前□□□□□□的严峻形势，坚决克服侥幸心理和麻痹意识，以铁的作风、铁的手腕、铁的制度狠抓各项□□□□□□责任措施落实。

6. 要始终保持如履薄冰的高度警觉，以最坚决的态度、最严格的措施、最过硬的作风，抓紧抓实各项责任措施落实。

7. 要深刻认识到□□□□□□的艰巨性、反复性、复杂性，以"万无一失"的严密工作防止"一失万无"的严重后果。

（五）批评通报中遏制事故再发生常用表达

1. 吸取事故教训，摸清查准风险隐患。

2. 开展"地毯式、动态式、滚动式"隐患排查。

3. 针对检查发现的各类隐患问题，及时建立安全生产隐患问题清单，明确整改责任人、整改期限、整改措施等，实行"闭环式"管理。

4. 举一反三加强重点行业领域安全风险防范。

5. 要加大检查频次，持续开展□□□□□□大检查"回头看"，紧盯□□□□□□重点行业领域，聚焦最突出问题、最薄弱环节、最明显短板、最不放心地区，加大排查频次和力度。

6. 强化风险研判，全面深入排查事故隐患。

7. 建立监督检查和隐患排查治理台账，并跟踪督促整改。

（六）批评通报中加大执法力度常用表达

1. 对事故责任追究要再从严。

2. 对近期和今后发生的□□□□□□事故，均要从严从快组织开展事故调查，严肃追究相关责任单位、责任人的责任。

3. 要以事故教训推动工作，坚决遏制事故多发势头。

4. 强化执法力度，切实加强事故多发易发领域监管。

5. 坚持"严"字当头，加强执法检查力度，严厉打击非法行为。

6. 采取精准执法、联合执法等方式，深入开展打非治违行动。

7. 要及时采取通报曝光、约谈等形式，倒逼执法人员落实执法责任，切实解决执法"宽松软"问题。

（七）批评通报中开展警示教育常用表达

1. 加强警示教育，汲取事故教训。

2. 要高度重视□□□□□□宣传教育工作，突出宣传教育先导作用，充分发挥□□□□□□作用，定期组织社会公众到□□□□□□。

3. 督促社会单位积极采取措施，加强对从业人员的□□□□□□教育。

4. 充分利用广播、板报、宣传手册、主流媒体、门户网站和户外媒体等宣传阵地高频次播出□□□□□□公益广告，广泛宣传□□□□□□法规、常识。

5. 集中曝光典型事故，提高公众□□□□□□意识和自防自救能力。

第三节 老秘心得

通报适用于表彰先进、批评错误、传达重要精神和告知重要情况。一般分为三类，其中两类我们在前面已经提过，分别是表扬类通报、批评类通报，还有一类是传达类通报，实际工作中很少用到，这里不再举例。

第十章 请示

第一节 共性模板

模板 1（召开会议类无附件版）

□□□□□（部门、单位或者议事协调机构名称）
关于召开□□□□□□会议的请示

□□□□□□：

根据□□□□□□□□□□□整体安排,（**注**：说明请示召开会议原因,相关表述可借鉴本章"常见套件及高频词句"）拟于□□月□□日召开□□□□□□会议,专题研究□□□□□□□□□□,（**注**：会议内容,可省略）拟请□□□□□□□□□□出席会议并讲话。（**注**：需要重要领导出席参加,要在开始提出来）现就有关事项请示如下：

一、会议标题

建议标题为"□□□□□□□□□□工作会议"。

二、会议时间

建议会议于□□月□□日（星期□）□□时召开（具体时间根据□□□□□□同志工作安排确定）。

三、会议地点

建议在□□□□□□□□□□会议室召开,具体地址为□□□□□□□□□□。

四、参加人员

□□□□□□□□□□参加会议；

□□□□□□□□□□□列席会议；

共约□□人。

五、会议日程

请□□□□□□主持会议。

1. 请□□□□□□传达□□□□□□精神；

2. 请□□□□□□作《□□□□□□》起草说明；

3. 请□□□□□□审议《□□□□□□》，并就□□□□□□讨论发言（其中，□□□、□□□、□□□作重点发言，每人□□分钟）；

4. 请□□□□□□讲话。

六、筹备工作

1. 会议讲话稿和相关材料由□□□□□□负责，报□□□□□□审定。

2. 会议宣传报道由□□□□□□负责。

3. 会议布置由□□□□□□负责。

当否，请批示。（**注**：结尾语，相关表述可借鉴本章"常见套件及高频词句"）

□□□□□□

□□□□年□□月□□日

模板2（召开会议类有附件版）

□□□□□□（部门、单位或者议事协调机构名称）

关于召开□□□□□□会议的请示

□□□□□□：

为进一步推进□□□□□□□□□□□工作，拟请于□□□□年□□月□□日（星期□）召开□□□□□□□□□□□会议，届时邀请□□□□□□□□□□□参加。会议筹备方案附后。

当否,请批示。

附件:□□□□□□□□□□会议筹备工作方案。(**注**:会议方案写法请参考本书第三部分"方案"一章模板)

□□□□□□
□□□□年□□月□□日

模板3(成立工作机构类请示)

□□□□□(部门、单位或者议事协调机构名称)
关于设立□□□□□□□□
工作机构的请示

□□□□□□:

为深入贯彻□□□□□□□□□□,全面落实□□□□□□□□□□□相关要求,进一步提升□□□□□□□□□□水平,拟在□□□□□□□□□□设□□□□□□□□办公室。(**注**:拟设立的工作机构名称要写清楚)现就相关事宜请示如下:

一、设立必要性

根据《□□□□□□》关于"□□□□□□□□□□"的规定,设立□□□□□□□□□□办公室是□□□□□□□□□□有力保障,是□□□□□□□□□□迫切需要。

二、组织构架

成员单位拟由□□□□□、□□□□□、□□□□□等组成。

□□□□□□主任拟由□□□□□□担任。

□□□□□□副主任拟由□□□□□□担任。

□□□□□□成员拟由□□□□□□担任。

各成员单位联络员拟由□□□□□□担任。

办公室日常办公机构拟设在□□□□□□。

三、主要职能

一是指导□□□□□□□□□□工作；

二是研究制定□□□□□□□□□□；

三是组织实施□□□□□□□□□□；

......

当否，请批示。

□□□□□□

□□□□年□□月□□日

模板 4（申请资金类请示）

□□□□□□（部门、单位或者议事协调机构名称）

关于请求给予□□□□□□□□□□拨款支持的请示

□□□□□□:

我地□□□□□□□□□□□□□□□，由于□□□□□□□□□□□，目前已经□□□□□□□□□□。（**注**：申请资金起因）□□□□□□□□□□□，对于□□□□□□□□□□有重要意义和作用。（**注**：申请资金理由）

据初步测算，□□□□□□□□□□，共需□□□□□□元，我单位无力承担，请□□□□□□□□□□给予拨款支持。（**注**：请示事项）

当否，请批示。

□□□□□□

□□□□年□□月□□日

第二节 常见套件及高频词句

（一）帽段请示原因常用表达

1．根据□□□□□□□□□□□批示要求，□□□□□□。
2．为进一步推动□□□□□□□□工作，□□□□□□。
3．按照□□□□□□□□□部署安排，□□□□□□。
4．为深入贯彻□□□□□□□□□□□□，□□□□□□。

（二）结尾常用表达（注：请示是下级请求领导或者上级解决问题、批准某些事项，必须用期待复文的结语）

1．妥否，请审示。
2．当否，请批示。
3．以上意见，妥否，请审示。
4．以上请示，请予批复。
5．以上请示，请示复。
6．以上请示，请审批。
7．以上当否，请批示。

第三节 老秘心得

请示，适用于向上级机关请求指示、批准。这种文体对请示事项、主送、语气等要求严格，具体表现在以下几个方面。

（一）一文言一事

请示文体要求一事一请示，切记不能把几件事同时写进同一个请示中去，否则会导致上级机关难以办理和答复，甚至会将报送材料退回。

（二）一文送一头

请示主送单位只能有一个，不能主送两个以上机关。如同时对多方请示，势必弄不清主办，以致延误工作。同时也要清楚，一般不能越级请示，只主报所属的一级机关。

（三）一文一语气

请示必须事前行文，要注意行文语气。请示本身是主动争取上级机关支持的表现，因此要讲究行文语气，写理由时要真诚恳切，提请求时要尊重理解，结尾用语尤其不能遗漏。

第十一章 批复

第一节 共性模板

模板 1

□□□□□（部门、单位或者议事协调机构名称）
关于□□□□□□□□□□的批复

□□□□□□：
　　你□□《关于□□□□□□□□□□的请示》收悉。（**注：收文情况**）经研究并商□□□□□□，现批复如下：
　　一、总体意见
　　为□□□□□□，更好地□□□□□□□□□□□，原则同意□□□□□□□□□□□。（**注：批复内容，相关表述可借鉴本章"常见套件及高频词句"**）
　　二、主要内容（**注：批复同意具体内容**）
　　（一）□□□□□□□□□□。
　　（二）□□□□□□□□□□。
　　（三）□□□□□□□□□□。
　　……
　　三、下阶段工作（**注：提要求**）
　　（一）□□□□□□□□□□。
　　（二）□□□□□□□□□□。
　　（三）□□□□□□□□□□。

……

特此批复。

□□□□□□
□□□□年□□月□□日

模板 2

□□□□□□（部门、单位或者议事协调机构名称）
关于□□□□□□□□□□的批复

□□□□□□：

你单位报来《关于□□□□□□□□□□的请示》及有关材料收悉。经研究,原则同意□□□□□□□□□□,现批复如下。

一、□□□□□□□□□□。（**注**：批复内容）

二、□□□□□□□□□□。（**注**：批复内容）

三、□□□□□□□□□□。（**注**：批复内容）

……

四、相关要求（**注**：提要求）

（一）□□□□□□□□□□。

（二）□□□□□□□□□□。

（三）□□□□□□□□□□。

……

特此批复。

□□□□□□
□□□□年□□月□□日

模板3

□□□□□□（部门、单位或者议事协调机构名称）
关于□□□□□□□□□□的批复

□□□□□□：
你们关于□□□□□□□□□□的请示收悉。现批复如下：
一、同意□□□□□□□□□□□。原则同意□□□□□□□□□□□□总体方案，请认真组织实施。
二、□□□□□□□□□□□□□□□□□。（**注：提要求**）
三、□□□□□□□□□□□□□□□□□。（**注：提要求**）
……
特此批复。

□□□□□□
□□□□年□□月□□日

模板4（最简版）

□□□□□□（部门、单位或者议事协调机构名称）
关于□□□□□□□□□□的批复

□□□□□□：
你们关于□□□□□□□□□□的请示收悉。经研究，同意□□□□□□□□□□□□□，请认真组织实施。
特此批复。

□□□□□□
□□□□年□□月□□日

第二节 常见套件及高频词句

（一）批复原则性要求常用表达

1. 要切实承担□□□□□主体责任，强化责任分工，完善工作机制，制订具体实施方案，确保任务措施落到实处。

2. 要切实加强组织领导，健全机制、明确分工、落实责任，有效推进□□□□□建设发展。

3. □□□□□要按照职责分工，切实加强工作指导，围绕□□□□□确定的总体目标和重点任务，在□□□□□等方面给予积极支持。

4. 要加强综合协调和督促指导，研究解决□□□□□重点难点问题，会同□□□□□开展实施情况评估，总结推广经验做法。

5. 加强统筹协调、跟踪评估和督促检查，注重总结经验。

6. 完善工作机制，创新发展方式，加大支持力度，明确责任分工，落实重点工作任务。

7. 要按照职能分工，密切协作配合，加强对□□□□□建设发展的指导，在□□□□□给予积极支持，帮助解决实际困难和问题，营造良好的发展环境。

8. 重大事项及时向□□□□□报告。

（二）批复意见常用表达

批复意见一般分为以下几种情况："同意""原则同意""基本同意""不同意"。"原则同意"使用情况最多，"不同意"使用情况最少，并且使用时表达方式也比较委婉，比如，"暂缓""待条件成熟后再实施"等。有时"同意"或者"原则同意"同时使用，比如，"同意□□□□□□□□□□□。原则同意□□□□□□□□□□总体方案"。

第三节　老秘心得

批复与请示相对应，只能是答复下级机关请示事项的公文。因此，请示公文中的特点在批复中也有体现。

（一）在"一文言一事"方面

请示要求一事一请示，批复也是如此，并且是一个请示对应一个批复。

（二）在"一文送一头"方面

请示主送单位只能有一个，而批复只能发给下级机关，而且是向本机关发送过请示的下级机关。

（三）在"一文一语气"方面

必须先有请示，后有批复。批复行文内容必须是明确、权威的，代表上级结论性意见，必须认真贯彻执行，不得违背。结尾用语只有一种，那就是"特此批复"。

第十二章　决定

第一节　共性模板

模板 1（对重要事项作出决策和部署的决定）

　　□□□□□（部门、单位或者议事协调机构名称）
　　　　关于□□□□□□的决定

　　□□□□□□：
　　目前□□□□□□，□□□□□□。（**注：决定背景，可省略**）为贯彻□□□□□□□□□□，（**注：决定目的，可省略**）根据□□□□□□□□□，（**注：决定依据**）现就□□□□□□□□□□作出如下决定/现决定如下：
　　一、□□□□□□□□□□。
　　二、□□□□□□□□□□。
　　三、□□□□□□□□□□。
　　（**注：决定内容**）
　　各地各部门要□□□□□□□□□□，□□□□□□□□□□□□□。（**注：下步要求**）
　　本决定自□□□□年□□月□□日试行。（**注：施行时间**）

　　　　　　　　　　　　　　　□□□□□□
　　　　　　　　　　　　　　□□□□年□□月□□日

模板 2（嘉奖有关单位和人员的决定）

□□□□□（部门、单位或者议事协调机构名称）
关于表彰□□□□□□的决定

□□□□□□：

今年，在□□□□□□上，□□□□□□□□□□□，创造了□□□□□□的好成绩。（注：决定背景原因，可省略）

为□□□□□□，（注：决定目的，可省略）根据□□□□□□，（注：决定依据）□□□□□□决定对□□□□□□等予以表彰。

一、□□□□□□□□□□□□。

二、□□□□□□□□□□□□。

三、□□□□□□□□□□□□。

（注：表彰内容）

希望再接再厉，发扬成绩，在□□□□□□，□□□□□□作出新的贡献。（注：提出希望）

□□□□□□
□□□□年□□月□□日

模板 3（处分有关单位和人员的决定）

□□□□□（部门、单位或者议事协调机构名称）
关于给予□□□□□□处分的决定

□□□，（注：姓名）□，（注：性别）□族，（注：民族）□□□文化，（注：学历水平）□□□□年□□月□□日生，□□□□年□□月加入中国共产党，户籍□□□□□□，现住□□□□□□□。（注：被处分人基本信息）

经审查，□□□□□□□□□□□□。（注：给予处分的原因）

根据《□□□□□□》第□□□条规定，□□□□□□□于□□□□年□□月□□日决定给予□□□□□□□处分。（注：给予处分的依据）

本决定自□□□□年□□月□□日起生效。如对本决定不服，可向□□□□□□提出申诉。

□□□□□□
□□□□年□□月□□日

模板4（变更或者撤销下级机关不适当的决定事项）

□□□□□□（部门、单位或者议事协调机构名称）
关于修改□□□□□□的决定

□□□□□□：

□□□□□□决定对《□□□□□□》作如下修改：

一、将第□□□条修改为："□□□□□□"。

二、增加第□□□条第□□□款作为第□□□条第□□□款，规定："□□□□□□。"

三、删除第□□□条第□□□款中的第□□□项。

……

本决定自□□□□年□□月□□日起施行。

□□□□□□
□□□□年□□月□□日

第二节 老秘心得

决定，适用于对重要事项作出决策和部署、奖惩有关单位和人员、变更或者撤销下级机关不适当的决定事项。

　　通常来讲，决定正文的第一部分是决定的缘由，然后是决定的事项，最后是此项决定执行的要求。决定语言要表达准确，语法精练，逻辑严密，通俗易懂，以说明为主，主要是阐明政策、提出要求。切忌华而不实、夸夸其谈，词意模糊、模棱两可。

第十三章　决议

第一节　共性模板

　　□□□□□□□□□□会议决议
　（□□□□年□□月□□日□□□□□□会议通过）

　　□□□□□□于□□□□年□□月□□日召开□□□□□□会议。（**注**：会议召开时间）出席这次会议的有□□□□□□、□□□□□□。列席这次会议的有□□□□□□、□□□□□□。会议由□□□□□□主持。（**注**：会议出席者、列席者、主持者）会议深入学习贯彻□□□□□□精神，认真贯彻落实□□□□□□精神，总结了□□□□□□，研究部署了□□□□□□。□□□□□□作了讲话。会议审议通过了《□□□□□□□□□□》《□□□□□□□□□□》，审议了□□□□□□□□□□情况报告，讨论了□□□□□□□□□□。（**注**：会议议题）为□□□□□□□□□□，作出以下决议：（**注**：此句可省略）

　　会议同意□□□□□□□□□□。
　　会议充分肯定了□□□□□□□□□□。
　　会议一致认为，□□□□□□□□□□。
　　会议指出，□□□□□□□□□□。
　　会议强调，□□□□□□□□□□。
　　会议要求，□□□□□□□□□□。
　（**注**：会议对工作的评价，讨论通过的重要决定、重大事项）

会议号召，□□□□□□□□□□□。（注：结束语，可省略）

□□□□□□□
□□□□年□□月□□日

第二节 老秘心得

决议，适用于会议讨论通过重大决策事项，也就是说决议一般同会议紧密联系在一起，是会议产生的重大决策事项。具体可分为公布性决议、批准性决议和阐述性决议三种类型，具有很强的权威性，一经公布必须坚决执行。

本章的"决议"和上一章的"决定"只有一字之差，但区别明显，主要在于：一是决议必须经过会议表决通过，并以会议的名义公布；决定既可以是某种会议讨论研究的成果，形成正式文件予以公布，也可由各级领导机关直接制作并予以公布。因此，公布未经有关法定会议讨论通过的内容，就只能使用决定。二是从写法上来说，决议的内容多是关系本行政区域内的全局性、原则性的重要问题、重大事件或活动，具有宏观性和战略指导性；决定的内容则多数涉及某一领域、某一方面的重要事项和重大活动的决策和安排，具有较强的具体性、针对性。

第十四章　命令

第一节　共性模板

模板1（嘉奖有关单位和个人）

□□□□□（部门、单位或者议事协调机构名称）
对□□□□□的嘉奖令

　　□□□□年□□月□□日，（注：嘉奖事迹发生时间）□□□□□□（注：被嘉奖单位和个人）在□□□□□，（注：嘉奖事迹发生地点）□□□□□□□□□□□□□□□。（注：嘉奖事迹简介）为了表彰□□□□□，□□□□□□（注：嘉奖单位）决定：□□□□□□□□□□□。（注：嘉奖内容）
　　□□□□□□（注：嘉奖单位）号召□□□□□□向□□□□□（注：被嘉奖单位和个人）学习，□□□□□，□□□□□，为□□□□□作出新的更大贡献。（注：提出希望、要求或者号召）

□□□□□
□□□□年□□月□□日

模板2（公布行政法规和规章）

□□□□□□□□□令
第□□□号

　　《□□□□□□□□□□条例》已经□□□□年□□月□□日

□□□□□□会议通过，现予公布，自□□□□年□□月□□日起施行。

　　　　　　　　　　　□□□□□□
　　　　　　　　　　□□□□年□□月□□日

　　　　　□□□□□□□□□□□条例

第一章　总　则

第一条　□□□□□□□□□□□□□□□□□。
第二条　□□□□□□□□□□□□□□□□□。
第三条　□□□□□□□□□□□□□□□□□。
……

第二章　□□□□□□

第一条　□□□□□□□□□□□□□□□□□。
第二条　□□□□□□□□□□□□□□□□□。
第三条　□□□□□□□□□□□□□□□□□。
……

第□□章　□□□□□□

……

第□□章　附　则

第□□条　本条例自□□□□年□□月□□日起施行。

模板3（宣布施行重大强制性措施）

───────────────────────────────

□□□□□□（部门、单位或者议事协调机构名称）
　　　　　　关于□□□□□□命令

□□□□□□：
　　当前，□□□□□□□□□□□□，（**注**：重大措施实施背景）

为□□□□□□，全力维护□□□□□□，（**注**：重大措施实施目的）根据《□□□□□□》《□□□□□□》等有关规定，（**注**：实施依据）结合我市实际，发布如下命令。

一、□□□□□□期限（**注**：重大措施实施时间）

□□□□年□□月□□日至□□□□年□□月□□日。

二、□□□□□□区域（**注**：重大措施实施区域）

□□□□□□□□□□□□□□□。

三、□□□□□□□□□□□□□□□□□。

四、□□□□□□□□□□□□□□□□□。

（**注**：重大措施具体要求）

任何单位和个人□□□□□□□□□□□□□□□。

□□□□□□

□□□□年□□月□□日

第二节 老秘心得

命令（令），适用于公布行政法规和规章、宣布施行重大强制性措施、批准授予和晋升衔级、嘉奖有关单位和人员。在法定公文里面，决定、命令和通报都有嘉奖的作用。在应用中，它们有什么区别呢？

首先，在阶位层次上，命令>决定>通报，命令使用层次最高，嘉奖力度最大；决定层次同命令相仿，但嘉奖力度略低于命令；通报一般在省部级以下使用，使用范围广。

其次，在内容上，命令只能表彰先进，用于嘉奖，不能用于惩罚；决定和通报适用于奖惩两个方面，也就是既能表彰先进，又能批评错误。

第十五章　公告

第一节　共性模板

模板1（社会公开征求意见版）

□□□□□（部门、单位或者议事协调机构名称）
关于公开征求《□□□□□□□□□
（征求意见稿）》意见的公告

为贯彻落实□□□□□□□□□，□□□□□□□□□□，□□□□□会同□□□□□、□□□□□等部门研究起草了《□□□□□□□□□（征求意见稿）》。现向社会公开征集意见，请于□□□□年□□月□□日（星期□）前通过以下途径和方式反馈意见。

一、通过登录□□□□□官网中的"□□□□□□"（网址：□□□□□□）提出意见。

二、通过电子邮件发送至：□□□□□□。请在邮件主题上注明"□□□□□□"。

三、通过传真发送至：□□□□□□。

四、通过信函邮寄至：□□□□□□□□□。邮政编码：□□□□□□。请在信封上注明"□□□□□□"。（**注**：相关表述可借鉴本章"常见套件及高频词句"）

附件：□□□□□□□□□□（征求意见稿）

□□□□□□
□□□□年□□月□□日

模板 2

□□□□□□（部门、单位或者议事协调机构名称）
关于对□□□□□□的公告/□□□□□□□□□□□□公告

近期，□□□□□□□□□□□□，为□□□□□□□□□□，（注：公告背景和目的，可以省略）根据□□□□□□规定，□□□□□□决定于□□□□年□□月□□日开展□□□□□□□工作。（注：公告依据）现将有关事项公告如下：

一、□□□□□□□□□□□□。
二、□□□□□□□□□□□□。
三、□□□□□□□□□□□□。
（注：公告事项）

本公告自□□□□年□□月□□日施行，有效期至□□□□年□□月□□日。（注：公告施行时间）

□□□□□□
□□□□年□□月□□日

模板 3

□□□□□□（部门、单位或者议事协调机构名称）
关于发布/修改/废止/清理《□□□□□□》的公告

根据□□□□□□规定，经□□□□□□审查通过，现发布/修改/

废止/清理《□□□□□□》，自□□□□年□□月□□日施行。

特此公告。

□□□□□□

□□□□年□□月□□日

第二节 常见套件及高频词句

（一）关于标题常用表达

1. 关于公开征求《□□□□□□□□□□□》意见的公告。

2. 关于对《□□□□□□□□□□》公开征求意见的公告。

3. 关于向/面向社会公开征求《□□□□□□□□□□》意见的公告。

（二）征求意见公告常用表达

1. 现征求社会各界意见，以便进一步研究、修改后提请□□□□□□继续审议。

2. 公众可通过以下途径和方式提出反馈意见。

3. 意见反馈截止日期为□□□□年□□月□□日。

4. 反馈意见时，请注明单位名称（个人请注明姓名）和联系电话。单位和个人信息仅用于汇总、整理、沟通修改意见，不对外公开。

5. 感谢您的参与和支持！

第三节 老秘心得

公告，适用于向国内外宣布重要事项或者法定事项。我们日常应用最多的是向社会公众征求意见，也就是征求意见的公告，这同征求意见的函作用相近，但公告面向对象是社会公众，要宽泛得多。读者也可参阅征求意见函部分来仔细比较一下两者的不同。

第十六章 公报

第一节 共性模板

模板（会议公报）

□□□□□□□□□会议公报

（□□□□年□□月□□日□□□□□会议通过）

□□□□□□会议于□□□□年□□月□□日在□□□□□召开。（注：会议召开时间、地点）

出席这次会议的有□□□□□□、□□□□□□。列席这次会议的有□□□□□□、□□□□□□。（注：会议出席者、列席者）

会议由□□□□□□主持。□□□□□□作了讲话。会议审议通过了《□□□□□□□□□□□》《□□□□□□□□□□□》，审议了□□□□□□□□□□□情况报告，讨论了□□□□□□□□□□□。（注：会议议题）

会议充分肯定了□□□□□□□□□□。一致认为□□□□□□□□□□□。

会议认为，□□□□□□□□□□□。

会议提出，□□□□□□□□□□□。

会议强调，□□□□□□□□□□□。

会议提出，□□□□□□□□□□□。

会议强调，□□□□□□□□□□□。

会议号召，□□□□□□□□□□□。

……

　　　　　　　　　　　　　　　□□□□□□
　　　　　　　　　　　　　　□□□□年□□月□□日

第二节　老秘心得

　　公报，适用于公布重要决定或者重大事项。而重要决定或者重大事项往往由重要会议决定，因此会议公报和会议决议有些相同，两者都有很强的权威性、指导性，但公报还有新闻性，这点是决议不具备的。

第十七章　议案

第一节　共性模板

模板1（具体事项议案）

□□□□□□人民政府
关于提请审议《□□□□□》的议案

□□□□□□人民代表大会常务委员会：

近几年，□□□□□□□□□□。（**注**：提案背景情况简介）为了□□□□□□□□□□□，（**注**：提案目标）经□□□□□□□批准，□□□□□□人民政府组织进行了□□□□□□。根据□□□□□□规定程序，现提请审议。

□□□□□□人民政府
□□□□年□□月□□日

模板2（人事议案）

□□□□□□人民政府
关于提请审议□□□□□□等同志任职的议案

□□□□□□市人大常委会：

根据《□□□□□□□□□□□法》和《□□□□□□□□□□□》的规定，现提请审议□□□□□□等同志任职事项。

提请任命：

□□□为□□□□□□□□□□□□□。

□□□为□□□□□□□□□□□□□。

□□□为□□□□□□□□□□□□□。

……

□长：□□□

□□□□年□□月□□日

第二节 老秘心得

议案，适用于各级人民政府按照法律程序向同级人民代表大会或者人民代表大会常务委员会提请审议事项。议案不是普发性公文，只能向同级的人民代表大会或者常务委员会行文，不能向其他部门单位行文，主送机关只有一个。

第二部分
讲话发言类文稿

讲话发言贯穿于机关工作人员职业生涯始终，它最能展现一个机关工作人员的能力水平，同时也是各种公文类型中被公认最难写的。就拿领导的部署动员讲话来说，首先，必须站位准确。是一把手部署还是二把手部署？同样部署内容，不同的人说出的话自然不一样。其次，必须全面深入了解工作，包括上级新的指示要求、基层当前的情况、兄弟地区或者单位的做法、自身发展状态等。上情、下情、内情、外情必须全部了解情况，避免说出外行话，露了怯，难以树立领导的权威。上述"四情"是不断发展变化的，也就是我们常说的出现"新形势""新任务""新要求"，需要我们及时关注，不断更新知识储备。另外，讲话发言之所以难写，是因为它们还具有独特性。每个人风格不一样，有的喜欢四六句，有的喜欢引用名言警句，有的喜欢引用古诗词，有的喜欢逻辑缜密的语言，有的人喜欢大白话。写作者需要主动适应讲话人的风格喜好，学习储备相应能力。

本部分着重介绍了部分讲话发言类文稿，共12章，从第十八章至第二十九章，分别是部署动员讲话、动员部署类表态发言、主持词、传达提纲、工作汇报、起草说明、交流发言、挂职锻炼心得体会、述职报告、活动致辞、任职发言、离任感言。以上这些讲话发言经常用到，非常重要。比如，召开一次重要工作的部署动员会议，核心是领导的部署动员讲话，讲明白干什么、为什么干、怎么干，让各个部分（地区）统一思想、凝聚共识、明确责任、形成合力。但特别提醒大家注意的是，好的讲话一定要根据具体情况撰写。比如，参加会议的同志都是行家里手，不需要再讲背景意义的，这方面就可以不说，切忌千篇一律、陈词滥调。同时，在会议中还必须有主持词进行串联指挥、总结评价。另外，很多部署动员会议中还可能安排有表态发言、情况汇报，以及传达上级精神的传达提纲，等等，这些公文类型在本书中都会有详细介绍。

第十八章 部署动员讲话

第一节 共性模板

在□□□□□工作动员大会上的讲话
□□□□□□ □□□（注：职务和姓名）
（□□□□年□□月□□日）

同志们：

今天，我们召开□□□□□动员会，主要任务是深入贯彻□□□□□□□□□□□精神，认真落实□□□□□□□□□□，安排部署□□□□□□工作，为□□□□□□营造□□□□□□环境。刚才，□□□同志就□□□□□□工作作了安排，□□□□□□作了表态发言，讲得都很好/讲的我都同意/讲的□□□□□□，关键是要抓好落实。（注：此部分为帽段，相关表述可借鉴本章"常见套件及高频词句"）下面我讲几点意见。

一、□□□□□□□□□□□□。□□□□□□□□□□□□。
（注：此部分论述为什么干，既可从正面论述也可从反面论述，相关表述可借鉴本章"常见套件及高频词句"）

二、□□□□□□□□□□□□。□□□□□□□□□□□□。
（注：此部分可谈存在问题，也可省略，相关表述可借鉴本章"常见套件及高频词句"）

三、□□□□□□□□□□□□。□□□□□□□□□□□□。
（注：此部分可论述部署工作内容，尤其注意重点突出，相关表述可借鉴本章"常见套件及高频词句"）

四、□□□□□□□□□□□□。□□□□□□□□□□□□。（注：此部分论述怎么干，相关表述可借鉴本章"常见套件及高频词句"）

......

同志们，开展□□□□□□工作，责任重大，任务艰巨，我们要□□□□□□□□□□□□。（注：此部分要鼓舞士气、发出号召，相关表述可借鉴本章"常见套件及高频词句"）

第二节 常见套件及高频词句

（一）帽段常用表达

1. 在这关键时刻召开这次部署动员会议，主要是动员□□□□□□积极行动起来，打一场□□□□□□攻坚战，确保□□□□□□□□□□□。

2. 今天，我们召开□□□□□□动员部署会，主要任务是启动□□□□□□□□，对□□□□□□进行部署安排，动员□□□□□□，全力以赴投入□□□□□□，迅速掀起□□□□□□热潮。

3. 按照□□□□□□安排，从□□□□□□开始，将利用□□天左右的时间，开展□□□□□□工作。今天，我们在这里召开□□□□□□动员会，主要是深入学习贯彻□□□□□□精神，认真落实□□□□□□，对□□□□□□工作进行动员安排。

（二）"为什么干"常用表达

1. 常用标题

（1）统一思想，提高站位。

（2）统一思想认识，咬定目标不动摇。

（3）提高政治站位，深刻认识开展□□□□□□的重要意义。

（4）统一思想、提高认识，切实增强紧迫感、责任感、□□□。

（5）充分认识□□□□□□活动的重要意义，增强思想自觉、行动自觉、□□□□。

2. 常用句式

（1）□□□□□是□□□□□，也是□□□□□。（注：正面谈认识）如果□□□□□工作不到位，不仅会□□□□□，而且会□□□□□，给□□□□□造成重大损失。（注：反面谈认识）

（2）□□□□□对□□□□□工作非常重视，□□□□□指示，要求全力以赴抓好□□□□□工作，必须确保□□□□□。（注：上级或者领导要求）

3. "性"字组

聚焦□□□□□，着力增强工作的□□性、□□性、□□性。

拼音 B 开头：必要性；

拼音 C 开头：长期性/创造性；

拼音 D 开头：兜底性；

拼音 F 开头：复杂性/方向性；

拼音 G 开头：鼓动性/高效性；

拼音 J 开头：紧迫性/计划性/艰巨性/坚定性/积极性/精准性/基础性/经典性/激励性；

拼音 K 开头：可讲性/可行性；

拼音 M 开头：民族性/敏锐性；

拼音 P 开头：普惠性；

拼音 Q 开头：前瞻性/全局性；

拼音 S 开头：思想性/时代性/实效性/时效性；

拼音 X 开头：系统性/现实性；

拼音 Y 开头：原则性/预见性/有效性/源泉性/引领性；

拼音 Z 开头：政治性/战略性/重要性/主动性/针对性/指导性/自觉性/战斗性。

4. "感"字组

牢记□□□□□理念，着力提高人民群众□□感、□□感、□□感。

获得感/满足感/幸福感/安全感/喜悦感/胜利感/自豪感/归属感/成

就感/紧迫感/忧患感/使命感/方向感/责任感/危机感/压力感/认同感/敬畏感/参与感/荣誉感/神圣感/崇敬感。

5."力"字组

通过□□□□□，不断增强组织□□力、□□力、□□力。

影响力/吸引力/感染力/诱惑力/威慑力/震慑力/向心力/凝聚力/执行力/推动力/战斗力/保障力/驾驭力/亲和力/感召力/想象力/聚合力/离心力/领导力/竞争力。

6."点"字组

找准□□点，□□□□□□□□□□。

制高点/根本点/闪光点/增长点/支撑点/关键点/结合点/主攻点/突破点/落脚点/出发点/着眼点/着重点/着力点/立足点/切入点。

7."新"字组

提高站位、聚焦大局，准确把握面临的新□□、新□□、新□□。

新形势/新任务/新要求/新水平/新境界/新举措/新发展/新突破/新成绩/新成效/新高度/新风貌/新进展。

8."需要"组

□□□□□□是□□□□□□的□□需要。

大局需要/现实需要/迫切需要/客观需要/内在需要。

9."时间紧迫"组

（1）□□□□□□工作已经进入战斗状态。

（2）在这关键时刻，我们□□□□□□。

（3）箭在弦上不得不发/必须干而且必须干成。

（4）形势逼人/形势催人。

10. 其他

拼音B开头：宝贵契机；

拼音C开头：长远之策；

拼音G开头：关键所在/根本保障/关键一环/根本要求；

拼音J开头：基础支撑/具体行动/具体体现；

拼音 N 开头：内在要求；

拼音 P 开头：迫切要求；

拼音 S 开头：时代命题；

拼音 W 开头：务实之举；

拼音 Y 开头：有力抓手/应有之义/有效举措/有力保障/有力举措/有效路径/有利机遇；

拼音 Z 开头：重要抓手/重要举措/重要基础/战略举措/重要内容/职责使命/重要一环/战略选择。

（三）"存在问题"常用表达

1．同时，必须清醒地看到，我们工作中还存在许多不足，前进道路上还有一些亟待解决的困难和问题。

2．在充分肯定成绩的同时，也要清醒地认识到，前进道路上还有不少困难和挑战。

3．在看到机遇的同时，我们要清醒看到前进道路上存在的困难和问题，工作中仍然存在很多差距和不足。

4．□□□□□思想不够解放/麻痹松懈/厌战畏战/差不多/□□□□□□意识不强/事不关己高高挂起。

5．□□□□□□等一些突出问题尚未解决/□□□□□□方面面临不少难题/□□□□□□发展质量和效益还不高/□□□□□□能力不够强/□□□□□□水平有待提高/□□□□□□任重道远/□□□□□□还有不少短板/□□□□□□任务艰巨/□□□□□□差距依然较大/□□□□□□水平尚需提高/□□□□□□有待加强/□□□□□□政策措施需要进一步落实/□□□□□□方面还存在不少薄弱环节/□□□□□□矛盾依然突出/□□□□□□比较严重/□□□□□□未充分发挥/□□□□□□亟待培育壮大/□□□□□□化程度不高/□□□□□□活力不足/□□□□□□历史欠账较多/□□□□□□压力较大/□□□□□□环境不优/□□□□□□现象仍然存在/□□□□□□状况还没有根本改变/□□□□□□任务十分艰巨/□□□□

□□软弱涣散/□□□□□作用弱化。

(四)"抓重点干"常用表达

1. 常用标题

(1)突出重点,抓住关键,扎实推进□□□□□工作。

(2)把握关键环节,稳扎稳打提质效。

(3)勇于担当、攻坚克难,在重难点问题上要有大的突破。

(4)突出重点,扎实推进。

(5)突出重点,准确把握□□目标要求。

(6)明确任务,突出重点,全面加快□□□□□建设步伐。

(7)坚持问题导向,全面落实□□□□□各项重点工作。

(8)集中精力、重点攻关,在关键环节改革上取得实质性突破。

2. 三字组

把线头/打七寸/抓重点/克难点/造洼点/建高点。

3. 四字组

抓住关键/围绕节点/突出重点/打造亮点/破解难点/直击痛点/紧盯热点/疏通堵点/消除痛点/焦点不散/靶心不变。

4. 其他

抓住主要矛盾/明确主攻方向/区别轻重缓急/敢于啃硬骨头/一子落而满盘活。

(五)"该怎么干"常用表达

1. 常用标题

(1)精心组织,强化措施,确保□□□□□工作部署落到实处。

(2)各负其责,形成合力,确保□□□□□。

(3)强化责任担当,勠力同心求突破。

(4)狠抓责任落实,确保□□□□□工作取得实效。

(5)完善机制保障,确保各项工作措施取得实效。

(6)健全机制,形成合力,强化□□□□□的工作保障。

(7)落实责任,确保实效。

2. 加强组织领导

（1）成立□□□□□领导小组，下设小组办公室，办公室设在□□□□□□，负责□□□□□工作指挥、沟通、协调，□□□□□□。

（2）头雁勤，群雁能"春风一夜到衡阳"；头雁惰，结果只会"万里寒云雁阵迟"。

（3）啃最硬的骨头，接最烫的山芋，善于抓住矛盾问题的"牛鼻子"。

（4）勇于化解利益纠纷的"卡脖子"，敢于突破推诿扯皮的"肠梗阻"。

（5）其他短词短句（按拼音 A-Z 顺序排列）。

拼音 B 开头：把方向/办大事/把握方向/把握潮流/把握大势；

拼音 D 开头：定政策/带队伍/当好主角/登高望远；

拼音 F 开头：扶危定倾/放眼世界/发挥好"关键少数"的关键作用；

拼音 G 开头：管宏观/管方向/高屋建瓴/高举旗帜/高瞻远瞩/高位引领/高位聚能/高位推进；

拼音 H 开头：绘蓝图；

拼音 J 开头：举旗帜/解难题/紧跟时代；

拼音 K 开头：开新局/扛起主责/科学决策；

拼音 L 开头：立己达人/力挽狂澜/立论定向；

拼音 M 开头：明方略/谋全局/谋大局/谋长远/谋划全局/谋划未来；

拼音 N 开头：凝聚共识；

拼音 Q 开头：亲自挂帅/亲自出征/亲自督战/亲自推动/群雁高飞头雁领；

拼音 T 开头：统揽全局/统筹全局；

拼音 W 开头：挽狂澜；

拼音 X 开头：胸怀天下/协调各方/胸怀全局/胸怀大局；

拼音 Y 开头：一锤定音/引航掌舵/研究战略/运筹帷幄；

拼音 Z 开头：指方向/抓大事/作决策/坐镇中枢/指挥四方/抓好主业/找到坐标/找到定位/着眼大事。

3. 强化制度设计

（1）搭架子/定规矩/筑屏障/辟蹊径/划边界/补空白/立新规/树导向/制度设计/制度建设/制度安排/制度完善/制度保障/制度衔接。

（2）健全完善制度/强化顶层设计。

（3）做到前后衔接、左右联动、上下配套、系统集成。

（4）狠抓制度执行，坚持制度面前人人平等、执行制度没有例外。

（5）不留"暗门"，不开"天窗"，使制度成为硬约束。

（6）以制度推动落实，以成效检验落实，保持工作的连续性、稳定性。

（7）随着制度越来越细化、越来越明晰，一条条红线绑住"任性的权力"，一道道硬杠杠涤荡着作风大弊。

4. 做好宣传工作

（1）认真做好舆论工作，精心策划，把握好度，把握好时机和节奏，为□□□□□□开展营造良好舆论氛围。

（2）充分利用政府网站、电视台等媒体，充分运用专栏、新闻报道等宣传形式，牢牢把握舆论主动权。

（3）重视典型宣传，既宣传正面典型，发挥示范引领作用，又注意剖析反面典型，开展警示教育。

（4）要运用群众喜闻乐见的多种形式，精心组织各类宣传教育活动，真正使□□□□□家喻户晓、深入人心。

（5）宣传内容贴近群众，增强吸引力；宣传成果实事求是，增强公信力；宣传典型可亲可信，增强感召力；宣传方式改进创新，增强创造力；宣传媒体全面覆盖，增强战斗力。

（6）充分运用图片、文字、视频、实物、模型、互动体验等多种展示手段和元素，立体化、全方位、多角度、全景式展示和呈现。

（7）在宣传技巧上注重春风化雨、"滴灌"渗透，在表达方式上更加接地气、贴民情，用有思想/有温度/有品质/沾泥土/带露珠/冒热气的报道唱响主旋律、增添正能量。

（8）组织骨干力量编"活"，运用多媒体演"活"，采用艺术形式唱"活"。

（9）其他短词短句（按拼音 A-Z 顺序排列）。

拼音 B 开头：保持热度/保持风度/把握尺度；

拼音 C 开头：传播力/创意新/春风化雨/传播正能量/唱响主旋律/传承红色基因；

拼音 D 开头：多角度/导向正/多层次/带露珠/点亮荧屏/滴灌渗透/大处着眼/点滴入心/多方面联动/多领域融合/多兵种集合/多媒体联动；

拼音 F 开头：方向准/分众化；

拼音 G 开头：广覆盖/鼓士气/敢于发声/故事化表达；

拼音 H 开头：弘扬主旋律；

拼音 J 开头：接地气/进农村/进社区/进学校/进机关/进企业/进军营/进网络/聚人气/讲精神/坚定自信/借筒传声/借台唱戏/讲出味道/讲清道理/讲乡村故事；

拼音 K 开头：可落实；

拼音 L 开头：论发展/理思路/立体化传播；

拼音 M 开头：冒热气；

拼音 N 开头：能领会/凝聚正能量；

拼音 P 开头：培精神厚土；

拼音 Q 开头：全方位/全景式/全区域统筹；

拼音 R 开头：润物无声；

拼音 S 开头：思想性/善于发声/深入浅出/守文化沃土；

拼音 T 开头：贴民情/听得懂；

拼音 X 开头：学报告/小处着手/宣出信心；

拼音 Y 开头：有思想/有温度/有品质/寓理于事/育青春榜样；

拼音Z开头：质量优/沾泥土/站稳脚跟/增加锐度/走田间地头。

5. 加强督促检查

（1）督任务/督进度/督成效/察认识/察责任/察作风/全程跟踪/动态销账/精密调度/精确推进/精准督察/精细管理/督在实处/察在要害。

（2）加强督促检查，是衔接顶层设计、中层操作与基层落实全链条的"紧固件"；是驱散虚浮懒散、直击不严不实病灶的"杀威棒"；是推动政策落地、工作部署落实的"助推器"。

（3）□□□□□要切实负起督查责任，及时掌握和通报工作进度，发现问题立即通知相关部门和单位限期整改。

（4）在督查过程中发现问题，交办给哪个单位的事项，必须按要求完成整改落实，对不能按时完成的，要严格进行责任追究。

（5）对工作成效突出的及时进行表扬激励，对措施不力、推诿扯皮、行动迟缓的，将严格追究责任，决不姑息。

（6）督查是抓落实的重要手段。以督查推动改革落地，检验着谋划改革的勇气和决心，更启示着落实改革的智慧和方法。

（7）要靠督查打通关节、疏通堵点、提高质量。

（8）采取通报、约谈、重奖、记功等办法，开展"拉网式"明察暗访、"随机式"抽查暗访、"点穴式"定点暗访，下"责任状"，晒"成绩单"，亮"检讨书"，着力形成问责与激励相辅相成，鼓励先进、鞭策后进的工作局面。

（9）排出督查优先顺序，聚焦重点难点，抓住问题要害，做到眼睛向下、脚步向下，找出症结，提出对策。

（10）要抓统筹联动，完善督查职能，做到上下贯通、内外结合。

（11）对督查发现的问题，要认真研究梳理，列出问题和责任清单，明确时限要求。

（12）要强化督查职能，健全督查机制，更好发挥督查在打通关节、疏通堵点、提高质量中的作用。

（13）对已经出台的改革方案要排队督查，重点督促检查方案落实、工作落实、责任落实的情况，发现问题要及时列出清单、明确责任、挂账整改。

（14）要排出督查优先顺序、聚焦重点难点，紧盯□□□等重点工作，建立跟踪台账，抓好统筹联动，做到实时跟踪、紧盯不放。

（15）要注重弹好钢琴、搞好全面督查，切实打通关节、疏通堵点，控制进度、把关质量。

（16）探索在年终考核、干部任用中，将督查结果与激励问责挂钩，作为干部评先选优及任用的重要依据。

（六）结尾提出希望或者号召常用表达

1．同志们，我们要把□□□□□□工作作为现阶段中心工作，强力推进。

2．□□□□□□工作时间紧、任务重、要求高。

3．□□□□□□的目标已经明确，号角已经吹响。

4．□□□□□□事关经济社会发展大局和人民福祉，惠及当下、利在长远。

5．希望大家以高度的责任感和使命感/以不达目的誓不罢休的坚强意志/以更加有力的工作举措/以更加务实的工作作风/以更高标准、更实举措、更大力度/以务实的作风、"绣花"的功夫/以"踏石留印、抓铁有痕、干在实处、走在前列"的精神，□□□□□□□□□□□□□□□□□。

6．希望大家思想上绷紧弦/工作上拉满弓/作风上再务实/主动担当作为/立即行动起来/鼓足斗志/顽强拼搏/扎实工作/迅速行动/真抓实干/紧张起来/行动起来/齐心协力/主动作为/同心同德/群策群力/积极进取，确保□□□□□□落地见效，为□□□□□□提供有力支撑。

（七）讲话常用到的诗词摘录

1．理想抱负

　　　　大鹏一日同风起，扶摇直上九万里。

　　　　——唐·李白《上李邕》（节选）

莫道桑榆晚,为霞尚满天。
——唐·刘禹锡《酬乐天咏老见示》(节选)

老骥伏枥,志在千里。烈士暮年,壮心不已。
——东汉末年·曹操《龟虽寿》(节选)

行路难,行路难,多歧路,今安在?
长风破浪会有时,直挂云帆济沧海。
——唐·李白《行路难(其一)》(节选)

人生得意须尽欢,莫使金樽空对月。
天生我材必有用,千金散尽还复来。
——唐·李白《将进酒》(节选)

白日依山尽,黄河入海流。
欲穷千里目,更上一层楼。
——唐·王之涣《登鹳雀楼》

荡胸生曾云,决眦入归鸟。
会当凌绝顶,一览众山小。
——唐·杜甫《望岳》(节选)

飞来山上千寻塔,闻说鸡鸣见日升。
不畏浮云遮望眼,自缘身在最高层。
——宋·王安石《登飞来峰》

2. 情操高尚

寒雨连江夜入吴,平明送客楚山孤。

洛阳亲友如相问，一片冰心在玉壶。
——唐·王昌龄《芙蓉楼送辛渐》

千锤万凿出深山，烈火焚烧若等闲。
粉身碎骨浑不怕，要留清白在人间。
——明·于谦《咏石灰》

投身革命即为家，血雨腥风应有涯。
取义成仁今日事，人间遍种自由花。
——现代·陈毅《梅岭三章》（节选）

生当作人杰，死亦为鬼雄。
至今思项羽，不肯过江东。
——宋·李清照《夏日绝句》

惶恐滩头说惶恐，零丁洋里叹零丁。
人生自古谁无死？留取丹心照汗青。
——宋·文天祥《过零丁洋》（节选）

苟利国家生死以，岂因祸福避趋之！
——清·林则徐《赴戍登程口占示家人二首》（节选）

安能摧眉折腰事权贵，使我不得开心颜！
——唐·李白《梦游天姥吟留别》（节选）

浩荡离愁白日斜，吟鞭东指即天涯。
落红不是无情物，化作春泥更护花。
——清·龚自珍《己亥杂诗（其五）》

横眉冷对千夫指,俯首甘为孺子牛。
躲进小楼成一统,管他冬夏与春秋。
——现代·鲁迅《自嘲》(节选)

3. 艰难困苦

欲渡黄河冰塞川,将登太行雪满山。
闲来垂钓碧溪上,忽复乘舟梦日边。
行路难!行路难!多歧路,今安在?
——唐·李白《行路难》(节选)

万里悲秋常作客,百年多病独登台。
艰难苦恨繁霜鬓,潦倒新停浊酒杯。
——唐·杜甫《登高》(节选)

北上太行山,艰哉何巍巍!
羊肠坂诘屈,车轮为之摧。
树木何萧瑟,北风声正悲。
熊罴对我蹲,虎豹夹路啼。
——东汉末年·曹操《苦寒行》(节选)

驱牛驾车入山去,
霜重草枯牛冻死。
艰辛历尽谁得知,
望断天南泪如雨。
——唐·戴叔伦《屯田词》(节选)

大道如青天,我独不得出。
——唐·李白《行路难(其二)》(节选)

4. 惜时劝学

    读书不觉已春深,一寸光阴一寸金。
    不是道人来引笑,周情孔思正追寻。
    ——唐·王贞白《白鹿洞二首(其一)》

    学非探其花,要自拨其根。
    ——唐·杜牧《留诲曹师等诗》(节选)

    青春须早为,岂能长少年。
    ——唐·孟郊《劝学》(节选)

    盛年不重来,一日难再晨。
    及时当勉励,岁月不待人。
    ——东晋·陶渊明《杂诗》(节选)

    少年易老学难成,一寸光阴不可轻。
    未觉池塘春草梦,阶前梧叶已秋声。
    ——宋·朱熹《劝学诗》

    明日复明日,明日何其多。
    我生待明日,万事成蹉跎。
    ——明·钱福《明日歌》

    百川东到海,何时复西归?
    少壮不努力,老大徒伤悲。
    ——汉乐府《长歌行》(节选)

5. 人才难得

    九州生气恃风雷，万马齐喑究可哀。
    我劝天公重抖擞，不拘一格降人材。
    ——清·龚自珍《己亥杂诗（其二百二十）》

    逢时独为贵，历代非无才。
    隗君亦何幸，遂起黄金台。
  ——唐·陈子昂《蓟丘览古赠卢居士藏用七首·郭隗》

    君不见南山栋梁益稀少，爱材养育谁复论。
  ——唐·柳宗元《杂曲歌辞·行路难三首（其一）》（节选）

    试玉要烧三日满，辨材须待七年期。
    ——唐·白居易《放言五首（其三）》（节选）

    自小刺头深草里，而今渐觉出蓬蒿。
    时人不识凌云木，直待凌云始道高。
    ——唐·杜荀鹤《小松》

6. 心血文章

    两句三年得，一吟双泪流。
    知音如不赏，归卧故山秋。
    ——唐·贾岛《题诗后》

    莫怪苦吟迟，诗成鬓亦丝。
    ——唐·裴说《寄曹松》（节选）

    莫话诗中事，诗中更难无。

吟安一个字，捻断数茎须。
——唐·卢延让《苦吟》(节选)

为人性僻耽佳句，语不惊人死不休。
——唐·杜甫《江上值水如海势聊短述》(节选)

读书破万卷，下笔如有神。
——唐·杜甫《奉赠韦左丞丈二十二韵》(节选)

文章千古事，得失寸心知。
——唐·杜甫《偶题》(节选)

有笔头千字，胸中万卷，致君尧舜，此事何难。
——宋·苏轼《沁园春·孤馆灯青》(节选)

7. 哲理韵味

莫听穿林打叶声，何妨吟啸且徐行。
竹杖芒鞋轻胜马，谁怕？一蓑烟雨任平生。
料峭春风吹酒醒，微冷，山头斜照却相迎。
回首向来萧瑟处，归去，也无风雨也无晴。
——宋·苏轼《定风波·莫听穿林打叶声》(节选)

人事有代谢，往来成古今。
——唐·孟浩然《与诸子登岘山》(节选)

草木本无意，荣枯自有时。
——唐·孟浩然《江上寄山阴崔少府国辅》(节选)

衰兰送客咸阳道,天若有情天亦老。
——唐·李贺《金铜仙人辞汉歌》(节选)

年年岁岁花相似,岁岁年年人不同。
——唐·刘希夷《代悲白头翁》(节选)

杨柳青青江水平,闻郎江上唱歌声。
东边日出西边雨,道是无晴却有晴。
——唐·刘禹锡《竹枝词二首(其一)》(节选)

前不见古人,后不见来者。
念天地之悠悠,独怆然而涕下!
——唐·陈子昂《登幽州台歌》

晴山看不厌,流水趣何长。
日晚催归骑,钟声下夕阳。
——唐·钱起《陪考功王员外城东池亭宴》(节选)

山重水复疑无路,柳暗花明又一村。
——宋·陆游《游山西村》(节选)

横看成岭侧成峰,远近高低各不同。
不识庐山真面目,只缘身在此山中。
——宋·苏轼《题西林壁》

竹外桃花三两枝,春江水暖鸭先知。
蒌蒿满地芦芽短,正是河豚欲上时。
——宋·苏轼《惠崇春江晚景》

沉舟侧畔千帆过，病树前头万木春。
——唐·刘禹锡《酬乐天扬州初逢席上见赠》(节选)

半亩方塘一鉴开，天光云影共徘徊。
问渠那得清如许？为有源头活水来。
——宋·朱熹《观书有感(其一)》

人有悲欢离合，月有阴晴圆缺，此事古难全。
但愿人长久，千里共婵娟。
——宋·苏轼《水调歌头·明月几时有》(节选)

悲欢离合总无情，一任阶前，点滴到天明。
——宋·蒋捷《虞美人·听雨》(节选)

行到水穷处，坐看云起时。
偶然值林叟，谈笑无还期。
——唐·王维《终南别业》(节选)

8. 热血爱国

秦时明月汉时关，万里长征人未还。
但使龙城飞将在，不教胡马度阴山。
——唐·王昌龄《出塞二首(其一)》

恨不抗日死，留作今日羞。
国破尚如此，我何惜此头。
——现代·吉鸿昌《就义诗》

黑云压城城欲摧，甲光向日金鳞开。
角声满天秋色里，塞上燕脂凝夜紫。
半卷红旗临易水，霜重鼓寒声不起。
报君黄金台上意，提携玉龙为君死。
——唐·李贺《雁门太守行》

持节云中，何日遣冯唐？会挽雕弓如满月，西北望，射天狼。
——宋·苏轼《江城子·密州出猎》

三十功名尘与土，八千里路云和月。莫等闲、白了少年头，空悲切。
壮志饥餐胡虏肉，笑谈渴饮匈奴血。待从头、收拾旧山河，朝天阙。
——宋·岳飞《满江红·写怀》（节选）

男儿何不带吴钩，收取关山五十州。
请君暂上凌烟阁，若个书生万户侯？
——唐·李贺《南园十三首（其五）》

月黑雁飞高，单于夜遁逃。
欲将轻骑逐，大雪满弓刀。
——唐·卢纶《和张仆射塞下曲（其三）》

十年磨一剑，霜刃未曾试。
今日把示君，谁有不平事？
——唐·贾岛《剑客／述剑》

想当年，金戈铁马，气吞万里如虎。
凭谁问：廉颇老矣，尚能饭否？
——宋·辛弃疾《永遇乐·京口北固亭怀古》（节选）

醉里挑灯看剑，梦回吹角连营。
——宋·辛弃疾《破阵子·为陈同甫赋壮词以寄之》（节选）

9. 春夏秋冬

春

胜日寻芳泗水滨，无边光景一时新。
等闲识得东风面，万紫千红总是春。
——宋·朱熹《春日》

海日生残夜，江春入旧年。
——唐·王湾《次北固山下》（节选）

江南好，风景旧曾谙。
日出江花红胜火，春来江水绿如蓝。
能不忆江南？
——唐·白居易《忆江南》

不知细叶谁裁出，二月春风似剪刀。
——唐·贺知章《咏柳》（节选）

沾衣欲湿杏花雨，吹面不寒杨柳风。
——宋·志南《绝句·古木阴中系短篷》（节选）

夏

连雨不知春去，一晴方觉夏深。
——宋·范成大《喜晴》（节选）

秋

树树皆秋色，山山唯落晖。
——唐·王绩《野望》（节选）

自古逢秋悲寂寥，我言秋日胜春朝。
晴空一鹤排云上，便引诗情到碧霄。
——唐·刘禹锡《秋词》

冬

日暮苍山远，天寒白屋贫。
柴门闻犬吠，风雪夜归人。
——唐·刘长卿《逢雪宿芙蓉山主人》

紫禁仙舆诘旦来，青旂遥倚望春台。
不知庭霰今朝落，疑是林花昨夜开。
——唐·宋之问《苑中遇雪应制》

10. 梅兰竹菊莲

梅

众芳摇落独暄妍，占尽风情向小园。
疏影横斜水清浅，暗香浮动月黄昏。
——宋·林逋《山园小梅（其一）》（节选）

墙角数枝梅，凌寒独自开。
遥知不是雪，为有暗香来。
——宋·王安石《梅》

梅雪争春未肯降，骚人阁笔费评章。

梅须逊雪三分白，雪却输梅一段香。
——宋·卢梅坡《雪梅（其一）》

无意苦争春，一任群芳妒。
——宋·陆游《卜算子·咏梅》（节选）

不经一番寒彻骨，怎得梅花扑鼻香。
——唐·黄檗禅师《上堂开示颂》（节选）

兰
空谷有佳人，倏然抱幽独。
——明·孙克弘《兰花》（节选）

竹
咬定青山不放松，立根原在破岩中。
千磨万击还坚劲，任尔东西南北风。
——清·郑板桥《竹石》

菊
宁可枝头抱香死，何曾吹落北风中。
——宋·郑思肖《寒菊》（节选）

待到秋来九月八，我花开后百花杀。
冲天香阵透长安，满城尽带黄金甲。
——唐·黄巢《不第后赋菊》

莲
接天莲叶无穷碧，映日荷花别样红。

——宋·杨万里《晓出净慈寺送林子方》(节选)

予独爱莲之出淤泥而不染,濯清涟而不妖,
中通外直,不蔓不枝,香远益清,亭亭净植,
可远观而不可亵玩焉。
——宋·周敦颐《爱莲说》(节选)

11. 重要节日

清　明

清明时节雨纷纷,路上行人欲断魂。
借问酒家何处有?牧童遥指杏花村。
——唐·杜牧《清明》

寒　食

春城无处不飞花,寒食东风御柳斜。
日暮汉宫传蜡烛,轻烟散入五侯家。
——唐·韩翃《寒食》

七　夕

银烛秋光冷画屏,轻罗小扇扑流萤。
天阶夜色凉如水,卧看牵牛织女星。
——唐·杜牧《秋夕》

中　秋

中庭地白树栖鸦,冷露无声湿桂花。
今夜月明人尽望,不知秋思落谁家?
——唐·王建《十五夜望月》

重 阳

独在异乡为异客,每逢佳节倍思亲。
遥知兄弟登高处,遍插茱萸少一人。
——唐·王维《九月九日忆山东兄弟》

春 节

爆竹声中一岁除,春风送暖入屠苏。
千门万户曈曈日,总把新桃换旧符。
——宋·王安石《元日》

元 宵

去年元夜时,花市灯如昼。
月上柳梢头,人约黄昏后。
——宋·欧阳修《生查子·元夕》(节选)

12. 友情惜别

人生如逆旅,我亦是行人。
——宋·苏轼《临江仙·送钱穆父》

长亭外,古道边,芳草碧连天。晚风拂柳笛声残,夕阳山外山。
天之涯,地之角,知交半零落。一壶浊酒尽余欢,今宵别梦寒。
——近代·李叔同《送别》(节选)

海内存知己,天涯若比邻。
无为在歧路,儿女共沾巾。
——唐·王勃《送杜少府之任蜀州》(节选)

渭城朝雨浥轻尘,客舍青青柳色新。

劝君更尽一杯酒，西出阳关无故人。
——唐·王维《送元二使安西》

千里黄云白日曛，北风吹雁雪纷纷。
莫愁前路无知己，天下谁人不识君？
——唐·高适《别董大二首》（节选）

李白乘舟将欲行，忽闻岸上踏歌声。
桃花潭水深千尺，不及汪伦送我情。
——唐·李白《赠汪伦》

13. 故乡亲情

慈母手中线，游子身上衣。
临行密密缝，意恐迟迟归。
谁言寸草心，报得三春晖。
——唐·孟郊《游子吟》

少小离家老大回，乡音无改鬓毛衰。
儿童相见不相识，笑问客从何处来。
——唐·贺知章《回乡偶书二首（其一）》

露从今夜白，月是故乡明。
——唐·杜甫《月夜忆舍弟》（节选）

日暮乡关何处是？烟波江上使人愁。
——唐·崔颢《登黄鹤楼》（节选）

床前明月光，疑是地上霜。

举头望明月，低头思故乡。
——唐·李白《静夜思》

不衣逆母怀，衣之情内伤。
——清·郑板桥《李氏小园（其二）》（节选）

（八）讲话常用到的励志名言警句

1. 一个人，最辉煌的一天并非功成名就的那一天，而是在悲叹与绝望中产生挑战人生的欲望，并勇敢迈向这种挑战的那一天。——居斯塔夫·福楼拜

2. 天将降大任于是人也，必先苦其心志，劳其筋骨，饿其体肤，空乏其身，行拂乱其所为。——《孟子》

3. 富贵不能淫，贫贱不能移，威武不能屈。——《孟子》

4. 生，亦我所欲也；义，亦我所欲也。二者不可得兼，舍生而取义者也。——《孟子》

5. 老当益壮，宁移白首之心？穷且益坚，不坠青云之志。——王勃《滕王阁序》

6. 燕雀安知鸿鹄之志哉？——司马迁《史记·陈涉世家》

7. 大丈夫宁为玉碎，不为瓦全。——李百药《北齐书·元景安传》

8. 非淡泊无以明志，非宁静无以致远。——诸葛亮《诫子书》

9. 学而不思则罔，思而不学则殆。——《论语》

10. 业精于勤，荒于嬉；行成于思，毁于随。——韩愈《进学解》

11. 鞠躬尽瘁，死而后已。——诸葛亮《后出师表》

12. 三军可夺帅也，匹夫不可夺志也。——《论语》

13. 志不强者智不达，言不信者行不果。——《墨子·修身》

14. 燕雀安知鸿鹄之志哉？——《史记·陈涉世家》

15. 古之立大事者，不惟有超世之才，亦有坚忍不拔之志。——苏轼《晁错论》

16．业精于勤荒于嬉，行成于思毁于随。——韩愈《进学解》

17．勤能补拙是良训，一分辛苦一分才。——华罗庚

18．子在川上曰："逝者如斯夫！不舍昼夜。"——《论语》

19．不飞则已，一飞冲天；不鸣则已，一鸣惊人。——司马迁《史记·滑稽列传》

20．路漫漫其修远兮，吾将上下而求索。——屈原《离骚》

21．天行健，君子以自强不息。地势坤，君子以厚德载物。——《周易》

22．锲而舍之，朽木不折；锲而不舍，金石可镂。——《荀子》

23．士不可以不弘毅，任重而道远。——《论语》

24．有志者，事竟成，破釜沉舟，百二秦关终属楚；苦心人，天不负，卧薪尝胆，三千越甲可吞吴。——蒲松龄

25．日日行，不怕千万里；常常做，不怕千万事。——《格言联璧·处事》

26．不为外撼，不以物移，而后可以任天下之大事。——吕坤《呻吟语·应务》

27．察己则可以知人，察今则可以知古。——《吕氏春秋·察今》

28．石可破也，而不可夺坚；丹可磨也，而不可夺赤。——《吕氏春秋·诚廉》

第三节 老秘心得

部署动员讲话的核心内容就是下达任务、指令。接到部署动员讲话相关文稿任务后，要快速搜集汇总素材：找来往年活动讨论发言材料，以作为体例遵循；联系相关业务部门，并在短时间内搞清涉及部署内容的大致业务内容；对标涉及任务，迅速调度最新情况、最新数据及下一步贯彻落实举措，以作为文稿的主要支撑。通常整篇材料按照内容来讲，一般可以分为三部分，即为什么干、干什么、怎么干。

第一部分讲明道理,说清楚为什么要干。这一部分既可以从正面讲干的背景、意义、性质、特点、规律、经验和必要性等,又可以从反面讲不干的危害性,还可以结合时限等情况讲干的紧迫性。思想上讲通了,才能让人安心去落实,还能防止产生抵触心理。

第二部分讲内容,说清楚要干什么。一般来讲,领导讲话落实内容很难面面俱到,而且说得太细反而"胡子眉毛一把抓"。因此,这一部分可以突出工作重点难点,让与会者把握重点、抓住关键,更加精准有力地抓好落实。

第三部分讲方法,说清楚要怎么干。这一部分主要写落实部署方式方法,包括加强组织领导、明确责任、加强宣传、强化督查问效等。在具体实战中,落实方式绝不仅限于前面提到的内容,这里列出 4 个常用方面供大家参考。

第十九章 动员部署类表态发言

第一节 共性模板

模板1

　　　　□□□□□　□□□□□□（**注**：主标题）
　　——在□□□□□动员大会上的表态发言（**注**：副标题）

尊敬的□□□，各位领导，同志们：

　　开展□□□□□工作是□□□□□□。近年来，□□□□□□□□□□□□。（**注**：交代部署工作的背景、意义，可省略）目前，□□□□□□□□□□□□□□□□□□。（**注**：借机简要总结前一阶段成绩，但不要喧宾夺主，可省略）□□□□年，□□□□□□□将深刻把握□□□□□□，□□□□□□，□□□□□□，坚决完成□□□□□□任务。（**注**：表明坚决态度，相关表述可借鉴本章"常见套件及高频词句"）具体表态如下：

　　一是□□□□□□□□□□□□。
　　二是□□□□□□□□□□□□。
　　三是□□□□□□□□□□□□。

　　（**注**：抓落实的具体举措，相关表述可借鉴本章"常见套件及高频词句"）

　　各位领导、同志们，推进□□□□□□任务是我们义不容辞的责任。□□□□□□将严格贯彻落实本次会议精神，进一步增强紧迫感和责任感，□□□□□□□□□□□□□□□□□□□，为□□□□□□

作出□□□□□贡献！（注：再次表态，相关表述可借鉴本章"常见套件及高频词句"，可省略）

□□□□□□

□□□□年□□月□□日

模板 2

在□□□□□□动员大会上的表态发言

尊敬的□□□，各位领导，同志们：

　　首先，我代表□□□□□□向□□□□□□进驻开展□□□□□□工作表示欢迎！这次□□□□□□工作是□□□□□□，充分彰显了□□□□□□。刚才，□□□□□□传达了□□□□□□，□□□□□□提出了明确的目标要求，作了具体的安排部署，□□□□□□，我们要认真贯彻落实。下面，我代表□□□□□□作如下表态发言：

　　一是□□□□□□□□□□□□。

　　二是□□□□□□□□□□□□。

　　三是□□□□□□□□□□□□。

　　（注：抓落实的具体举措，相关表述可借鉴本章"常见套件及高频词句"）

□□□□□□

□□□□年□□月□□日

第二节　常见套件及高频词句

（一）主标题常用表达

　　表态发言的主标题一般分为两种：一种是常用的"在□□□□□□动员大会上的表态发言"，另一种包含主标题和副标题"□□□□

□□　□□□□□□（主标题）

——在□□□□□动员大会上的表态发言"，在这里笔者还是建议用第二种有副标题的，因为第一种标题信息含量少。但如果加上主标题，或喊出目标，或表明态度，或提出抓落实主要措施，将会使人眼前一亮，印象深刻，为整个表态材料增色不少。比如：

1. 提出目标主标题

（1）立足□年翻一番　奋力赶超争进位——在□□□□□动员大会上的表态发言。

（2）瞄准目标　突出重点　主攻难点——在□□□□□动员大会上的表态发言。

（3）聚焦发展谋突破　争先进位谱新篇——在□□□□□动员大会上的表态发言。

（4）紧盯目标不放松　千方百计抓落实——在□□□□□动员大会上的表态发言。

2. 有较强感染力的主标题

（1）掷地有声发起总攻——在□□□□□动员大会上的表态发言。

（2）统一思想凝聚共识——在□□□□□动员大会上的表态发言。

（3）凝聚思想共识，汇聚奋进力量——在□□□□□动员大会上的表态发言。

（4）精准施策以绣花的功夫提升行动效果——在□□□□□动员大会上的表态发言。

3. 提出主要措施主标题

（1）加强监管惠民生　优化服务促发展——在□□□□□动员大会上的表态发言。

（2）凝心聚力抓项目　担当实干争进位——在□□□□□动员大会上的表态发言。

（3）以制度执行引领优化营商环境——在□□□□□动员大会上的表态发言。

（二）表明坚定态度常用表达

1. 常用句式

（1）□□□□□□是对□□□□□□工作的一次全面检阅，更是对□□□□□□的一种鞭策激励，充分体现了□□□□□□对□□□□□□工作的关心、支持和厚爱。

（2）□□□□□□坚决拥护□□□□□□决定，真诚欢迎□□□□□□监督，完全认同、诚恳接受、全面认领□□□□□□意见，以高度的政治自觉、强烈的责任担当、务实的作风举措抓整改、抓落实，用□□□□□□□□□□□□成效，为□□□□□□贡献更多□□□□□□□力量。

（3）只要□□□□□□对□□□□□□工作有部署、有要求，无论是□□□□□□工作还是□□□□□□工作，我们都将不打折扣、高标准高质量抓好落实。

（4）当前，□□□□□□是□□□□□□的最佳时机/是□□□□□□的最佳举措/是一项政治责任和应尽义务/是□□□□□□破题之年/是□□□□□□义不容辞的责任。

（5）我们深感任务艰巨/责任重大/使命光荣，将以此次□□□□□□□□为契机/为起点，在□□□□□□的坚强领导下，□□□□□□□□□□□□，为□□□□□□□□□□□□作出新的贡献/确保□□□□□□□顺利高效开展。

2. "以"字开头表明态度

（1）以"一天当三天用"的精神。

（2）以"咬定青山不放松"的决心。

（3）以更高的站位，更稳健的步伐。

（4）以"明知山有虎，偏向虎山行"的勇气。

（5）以只争朝夕的紧迫感、时不我待的责任感。

（6）以正确的态度、积极的状态、实际的行动。

（7）以苦干实干的作风，凝聚起强大合力。

（8）以昂扬向上的工作作风，饱满持久的热情，抓铁有痕的力度。

（9）以更积极的态度，不畏艰险的时代精神，不辱使命的责任担当。

（10）以"起跑就加速、开局就争先"的战斗姿态。

（11）以一以贯之开拓进取的姿态激发新作为。

（12）以时不我待的紧迫感、只争朝夕的精气神、舍我其谁的责任感。

（13）以"朝受命夕饮冰"的事业心和"昼无为夜难寐"的责任感。

（14）以昂扬向上的朝气、创新克难的勇气、走在前列的豪气、苦干实干的意气。

（15）以"敢教日月换新天"的气概，鼓起"不破楼兰终不还"的劲头。

3. 文尾段首号召类语句

拼音 A 开头：盎然锐气；

拼音 B 开头：倍道兼程/秉承"不讲条件、不讲客观"的工作态度；

拼音 C 开头：冲在前/乘势而上；

拼音 D 开头：等不起/动起来/打硬仗/当先锋/大胆试/大胆闯/动真碰硬/抖擞精神/顶得上去/担责不误；

拼音 F 开头：放手干/奋跃而上/奋楫争先/风雨无阻向前行/发扬"特别能战斗、特别能吃苦"精神/奋进的号角已经吹响/奋楫扬帆正当时；

拼音 G 开头：敢发声/敢拍板/敢担当/敢为人先/敢于担当/敢破敢立/敢闯敢试；

拼音 H 开头：豁得出去；

拼音 J 开头：紧起来/竭尽全力/积极主动/脚踏春冰/急起直追/尽锐出战；

拼音 K 开头：克难攻坚；

拼音 L 开头：立潮头/立壮志/临难不却/履险不惧/撸起袖子加油干；

拼音 M 开头：慢不得/没有等出来的精彩，只有干出来的辉煌；

拼音 P 开头：跑起来/披荆斩棘/蓬勃朝气；

拼音 Q 开头：求突破/千方百计/全力以赴；

拼音 R 开头：日拱一卒；

拼音 S 开头：树标杆/睡不着/树雄心/顺势而为/夙夜在公/受屈不计/舍我其谁；

拼音 T 开头：头拱地/挺在先/团结一致/提起气来/头顶悬石；

拼音 W 开头：往前冲/闻令而动；

拼音 X 开头：想方设法；

拼音 Y 开头：勇拼搏/勇立潮头/勇当尖兵/一门心思/一鼓作气/一步一个脚印/勇往直前不懈怠/咬定青山不放松/一张蓝图绘到底；

拼音 Z 开头：坐不住/站队首/作示范/展拳脚/作出表率。

（三）抓好落实常用表达

1. 明确责任抓落实

（1）倒查责任/压实责任/落实责任/责任重大/各负其责/守土有责/守土负责/守土尽责/担"责"不推/管好责任田/签好责任书/细耕责任田/落实主体责任/理清责任链条/拧紧责任螺丝/提高履责效能/彰显责任担当。

（2）定责明责、有责可追，是责任有效落实的前提。

（3）责权对等、有责能追，是责任有效落实的根本。

（4）强化问责、有责可追，是责任有效落实的关键。

（5）责促行、以责问效，抓紧抓实改革方案制订、评估、督察、落实等各个环节，做到全程跟进、全程负责、一抓到底。

（6）形成上下贯通、层层负责的主体责任链条，健全能定责、可追责考核机制，条条线线都要拉直绷紧。

（7）打通责任链，织密责任网，签订责任书，立下军令状。

（8）时序上到季到日，责任上到人到岗，以目标倒逼进度，以时间倒逼程序，以督查倒逼落实。

2. 具体举措抓落实

（1）成立□□□□□领导小组，制订方案，层层分解任务，切实把责任压实、把工作做细、把保障做到位。

（2）尽快召开动员部署会议，抓紧制订责任明确、流程具体、措施得力的实施方案，倒排工期，挂图作战。

（3）建立工作台账，制定整改清单，明确整改部门和时限。

（4）按照清单制和责任制，明确任务，切实解决问题"做减法"。

（5）坚持重要工作亲自谋划，重大问题亲自协调，重点案件亲自督办。

（6）把暴露出的问题及苗头性问题找出来，把一些老大难的问题找出来。

（7）制订宣传方案，充分利用广播电视、报刊、网络等媒体，加力宣传□□□□□工作的重要意义。

（8）积极主动向□□□□□□报告工作情况，争取更大力度支持。

（9）一步一个脚印走，一锤接着一锤敲，一棒接着一棒跑。

（10）运用巡查、督导、通报、约谈、挂牌督办、一票否决等措施。

（11）其他短词短句（按拼音A-Z顺序排列）。

拼音B开头：补短板/办实事/靶向发力/不弃微末/不舍寸功/不受虚言/不听浮术/不采华名/不兴伪事/不留死角/靶心不变/靶向整治/闭环式管理；

拼音C开头：查问题/察实情/出实策/出实绩/吹糠见米；

拼音D开头：堵漏洞/盯住主业/打造亮点；

拼音G开头：改问题/鼓实劲；

拼音H开头：横向到边/夯基垒台/夯实工作责任；

拼音J开头：讲实话/精心组织/精准施策/即知即改/建立台账/精准剖析/久久为功/紧盯热点/焦点不散；

拼音L开头：亮实招/立知立行/撸起袖子；

拼音M开头：绵绵用力/明晰创建路径；

拼音N开头：扭住关键/能动履职；

拼音P开头：扑下身子/破解难点；

拼音Q开头：求实效/强化协作联动/强化跟踪问效/清单式推进；

拼音 S 开头：善作善成/实行专班化运作；

拼音 T 开头：突出重点；

拼音 W 开头：围绕节点；

拼音 X 开头：下实功；

拼音 Y 开头：一以贯之/一抓到底；

拼音 Z 开头：重实际/做实事/照单全收/逐项研究/真践实履/纵向到底/直击痛点。

3. 抓落实具体效果

（1）用事实来说话，拿成果来证明，以实效来检验。

（2）确保□□□□□反馈的问题和意见事事有着落、件件有回音。

第三节　老秘心得

从受众来讲，表态发言虽不是部署动员会的核心材料，但它却是会议重要内容。在部署动员会上表态发言的主要对象，是上级机关或者主要领导、分管领导。难得有机会让他们静下心来倾听你 3~10 分钟的发言，展示你的能力和风采，一定要好好把握，认真准备。

从内容上讲，表态发言的核心就是表明坚定态度抓落实，不是介绍经验，更不是作部署提要求。其重点的两个方面：一是表明坚定的态度。从思想认识上对部署动员内容认可，并深入贯彻落实。二是采取具体措施抓落实。如果一味拍胸脯作保证，没有具体措施支撑，难免给人造成假大空的感觉，一定要结合本单位工作的实际情况，梳理出明确、具体、务实、管用的举措。本章在常用套件和高频词句里也着重推出了表态类和抓落实类常用表达，以供读者参考。

从结构上讲，表态发言一般到一级标题就可以了，这是因为受篇幅影响，表态发言一般以 800~2000 字为宜，一级标题完全可以概括，再用二级标题显得内容不饱满。另外，标题层级过多，会让听众产生逻辑混乱，影响发言效果。

第二十章　主持词

第一节　共性模板

模板 1

□□□□□工作会议主持词
□□□□□　□□□（注：职务和姓名）
（□□□□年□□月□□日）

同志们：

　　现在开会。这次会议是□□□□□□决定召开的，主要任务是深入学习贯彻□□□□□□□□□□部署要求，调度□□□□□工作情况，安排部署当前和今后一个时期□□□□□□□□□工作。（**注**：介绍会议规格背景和主要任务，以上内容可以写到一起，相关表述可借鉴本章"常见套件及高频词句"）

　　参加会议的有/在主会场参加会议的有：□□□□□、□□□□□、□□□□□□。在分会场参加会议的有：□□□□□、□□□□□、□□□□□□。（**注**：没有主会场、分会场的，不必区分写）

　　会议议程有□□项：一是□□□□□作典型发言，二是请□□□□□对□□□□□重点工作任务进行解读；三是请□□□□□□讲话……

　　下面进行会议第一项/首先，请□□□□□□发言。

　　……

　　请□□□□□□发言。

第二十章 主持词

……

请□□□□□发言。

……

下面进行会议第二项,请□□□□□对□□□□□重点工作任务进行解读。

……

最后,请□□□□□讲话,大家欢迎。

……

刚才,□□□□□作了很好的典型发言,总的感到,□□□□□□,充分展现了□□□□□的重要作用和精神面貌。□□□□□对□□□□□重点工作任务的有关事宜进行了解读,具体的推进方案将在会后下发。□□□□□作了非常重要的讲话,围绕□□□□□□中需要把握的关键环节和重点问题进行了部署,任务明确、要求具体、指导性强,并提出了□□□□□□的工作要求,语言朴实、坦诚中肯、引人思考。会后,大家要按□□□□□讲话要求,抓好贯彻落实。(**注**:对发言或者讲话的总结评价,相关表述可借鉴本章"常见套件及高频词句")

为做好□□□□□工作,再提出□□点要求:

一是做好传达。□□□□□□□□□□。(**注**:相关表述可借鉴本章"常见套件及高频词句")

二是抓好落实。□□□□□□□□□□。(**注**:相关表述可借鉴本章"常见套件及高频词句")

三是开展督查。□□□□□□□□□□。(**注**:相关表述可借鉴本章"常见套件及高频词句")

……

会议到此结束,散会。

模板 2

□□□□□动员会议主持词

□□□□□ □□□（**注**：职务和姓名）

（□□□□年□□月□□日）

同志们：

　　现在开会！这次会议的主要内容是：就集中组织开展□□□□□作动员部署。□□□□□对开展□□□□□高度重视。□□□□□□同志先后两次作出重要批示，明确了活动的内容、时间和参加人员，强调了□□□□□□□□□□。会前，□□□□□等处室已发放活动方案、□□□□□□，会后请认真学习阅读，这里不再宣读了。（**注**：开门见山简要交代会议主要内容，传达组织和主要负责同志有关要求，为活动的具体开展提供遵循）

　　下面，请掌声欢迎□□□□□同志作动员部署讲话。

　　……

　　刚才，□□□□□同志代表□□□□□，从□□□□□提出了明确要求。（**注**：简要总结部署讲话的主要内容）□□□□□的讲话是对□□□□□干部关于学习宣传、贯彻落实□□□□□的再动员再部署再辅导。（**注**：简要对总结部署讲话作评价）为全面落实好□□□□□党组安排部署，开展好这次□□□□□，再强调提出三点意见：

　　一是□□上要突出一个"□"字。□□□□□□□□□□□□□□□□□□□□□□□□□□□□□□。

　　二是□□上要突出一个"□"字。□□□□□□□□□□□□□□□□□□□□□□□□□□□□□□。

　　三是□□上要突出一个"□"字。□□□□□□□□□□□□□□□□□□□□□□□□□□□□□□。

　　散会！

模板 3

□□□□□□典型宣讲活动主持词

□□□□□□ □□□（注：职务和姓名）

（□□□□年□□月□□日）

……

刚才，我们观看了□□□□□□、□□□□□□等同志的事迹短片，又听取了她们/他们的精彩宣讲。她们/他们虽来自不同地区、不同行业、不同岗位，却均展现了□□□□□□□□□□□□□□□□□□□□□□□□□□□□□□□□□□。

下面，结合听取□□□□□□和□□□□□□宣讲后的感受，结合□□□□□□，我向各位□□□□□□系统的同志们谈三点希望：

一是希望学习她们/他们□□□□□□。□□□□□□□□□□□□□□□□□□□□□□□□□□□□□□□□□□。

二是希望学习她们/他们□□□□□□。□□□□□□□□□□□□□□□□□□□□□□□□□□□□□□□□□□。

三是希望学习她们/他们□□□□□□。□□□□□□□□□□□□□□□□□□□□□□□□□□□□□□□□□□。

同志们，我们要结合年初□□□□□□□□□□上的讲话精神，一并深入学习领会，□□□□□□□□□□□□□□□□□□□□□□□□□□□□□□□□□□。让我们□□□□□□□□□□，一起谱写□□□□□□□！

散会！

模板 4

□□□□□□论坛主持词

□□□□□ □□□（注：职务和姓名）

（□□□□年□□月□□日）

尊敬的各位领导、各位来宾,同志们,朋友们:

大家上午好!

欢迎大家出席□□□□□□论坛开幕式。首先,我谨代表主办方对所有领导和嘉宾的到来表示热烈欢迎和最诚挚的问候!

本届论坛是由□□□□□□、□□□□□□共同主办,□□□□□□、□□□□□□、□□□□□□、□□□□□□协办的。

本届论坛得到了□□□□□□等的高度关注,□□□□□□等都派人参加论坛,这是对本届论坛的最大支持。下面,我介绍一下参加今天开幕式的领导和来宾:

他们是:□□□□□□、□□□□□□、□□□□□□。

参加本届论坛的主讲嘉宾是:□□□□□□、□□□□□□、□□□□□□。

参加本届分论坛的主讲嘉宾是:□□□□□□、□□□□□□、□□□□□□。

参加本届论坛的还有□□□□□□、□□□□□□、□□□□□□等领导及相关同志共计□□□人。让我们再次用热烈的掌声,对各位的到来表示最热烈的欢迎和衷心的感谢!

本届论坛开幕式共有三项议程:一是领导致辞;二是签订合作协议;三是主旨演讲。

下面首先进行第一项,请□□□□□□致辞,大家掌声欢迎。

……

下面请□□□□□□致辞,大家掌声欢迎。

......

非常感谢□位领导的致辞和对本届论坛的支持。让我们再次用热烈的掌声,向□位领导表示衷心感谢。

......

下面进行第二项,请□□□□□、□□□□□签订入驻协议。

感谢各□□□□□□对□□□的大力支持,希望我市今后能与大家一道,为□□□□□□发展创造更多的机会。

......

下面进行第三项议程,进行主旨演讲。

首先请□□□□□主讲,他主讲的题目是《□□□□□》,大家欢迎。

感谢□□□□□给我们作的精彩演讲,□□□□□□辛苦了。

......

下面请□□□□□主讲,他主讲的题目是《□□□□□》,大家欢迎。

感谢□□□□□的精彩演讲和情况介绍。

......

今天上午的集中主讲就告一段落了,让我们再次用热烈掌声感谢□位专家教授精彩演讲,感谢他们为论坛送来的精神大餐。

各位领导、各位来宾朋友们,刚才,□□□□□□□□□□□□□□□□□□□□□□□□□□□□。希望各位专家学者继续关注□□□□□,为□□□□□的经济社会发展提出更多、更宝贵的建议。

最后,希望□□□□□能与□□□□□紧密联系在一起,聚合力量,同发展、共创造,为实现□□□□□发展作出新的贡献。

□□□□□论坛到此结束。

谢谢大家!

模板 5

□□□□□□讲座主持词

□□□□□□　□□□（注：职务和姓名）

（□□□□年□□月□□日）

同志们：

按照□□□□□□关于□□□□□□的指示精神，按照□□□□□□工作要求，结合□□□□□□工作实际，我们筹划开展了□□□□□□讲座。今天我们十分荣幸地邀请到□□□□□□，（**注：讲座邀请对象**）为大家作关于□□□□□□方面的专题报告。

□□□□□□，（**注：讲座邀请对象**）在□□□□□□从事□□□□□□工作□□年，先后成功参与□□□□□□工作，完成技术攻关□□多项，先后获得□□□□□□、□□□□□□、□□□□□□等荣誉。

下面，请□□□□□□为我们作专题报告！

……

刚才，□□□□□□以《□□□□□□》为题，主要围绕□□□□□□等几个方面内容，与我们分享了他的成长成才经历。□□□□□□的报告内容非常丰富，贴近工作生活，文字朴实无华，具有很好的激励与榜样作用。课后，大家要深入地学习、理解和体会。

最后，让我们以热烈的掌声，对□□□□□□的精彩报告表示感谢！讲座到此结束！

第二节　常见套件及高频词句

（一）帽段常用表达

1. 现在开会/会议现在开始。

2. 这次会议是经□□□□□□提议/批准/同意/决定召开的，采取□□□□□形式，共有□□□人参加。

3．经□□□□□提议/批准/同意/决定，今天我们在这里召开□□□□□□会议。

4．这次会议是在□□□□□□形势下召开的。

5．根据□□□□□□□□活动安排，今天，我们举办□□□□□□专题讲座。

6．为深入贯彻□□□□□精神，进一步□□□□□，激励□□□□□□，经□□□□□研究，举办□□□□□□会议/活动。

7．主要内容是/主要任务是/主要目标是，深入学习□□□□□□精神，谋划确定□□□□□□，就重点任务作出部署要求/总结去年□□□□□□工作，研究部署今年任务。

（二）感谢讲课人受邀常用表达

1．今天，十分荣幸地邀请到□□□□□□，为大家作□□□□专题辅导。在这里，首先要感谢□□□□□□及□□□□□□对我们□□□□□□工作一直以来的大力支持和指导帮助。

2．此次，□□□□□□在百忙之中抽时间来□□□□□□为大家作辅导授课，也是□□□□□□在此项工作上的偏得。

3．□□□□□□工作很忙，时间安排很紧，□□□□□□□□□□，□□□□□□接到我们的邀请后，在百忙之中抽时间准备材料，来为我们大家作辅导授课，非常辛苦，让我们以热烈的掌声感谢□□□□□□。

4．□□□□□□从□□□□□□来到我省，近期在□□□□□□主持召开了□□□□□□工作座谈会，今天晚上还要赶赴□□□□□□进行工作调研。□□□□□□的行程安排得很满，可以说是在百忙当中来给我们作辅导报告。

（三）介绍授课人成就常用表达

1．□□□□□□，历任□□□□□□。多年来一直从事□□□□□□工作，对□□□□□□工作有着丰富的实践经验和深入的理论研究，参与了□□□□□的制定，参与了□□□□□等课题的研究。

2．□□□□□，大家都很熟悉，各地区相关板块工作人员也都有过接触，从事□□□□□工作多年，具有丰富的实践工作经验和理论研究成果。□□□□□，为了此次授课，查阅大量资料文献，做了认真细致准备。

3．□□□□□主要负责□□□□□等工作，理论功底深厚，实践经验丰富，对于□□□□□的标准、方向、重点、原则掌握非常透彻。

4．□□□□□在□□□□□工作理论层面、实践层面，有非常深厚的积淀和丰富的经验。

（四）对会议/讲话/授课总结常用表达

1．这次会议开得很好、很成功，达到了预期目的。

2．刚才，□□□□□以《□□□□□》为题，结合□□□□□工作实际，对□□□□□等□□个方面进行了深入细致的讲解/阐述。

3．□□□□□从深刻认识□□□□□工作面临的新形势、准确把握□□□□□工作面临的新任务、全面落实□□□□□工作面临的新要求三个方面作了讲话。

4．同志们，刚才，□□□□□站在讲政治、讲大局、讲稳定的高度，围绕贯彻落实□□□□□精神，全面总结了□□□□□工作，深刻分析了□□□□□存在突出问题/面临形势，对今后做好□□□□□工作指明了方向、抓住了关键、提供了路径/对□□□□□年工作作了安排部署/明确了做好工作的原则、思路和措施。

5．刚才，□□□□□站在政治高度，对□□□□□的重大意义、重点任务进行了深刻阐述，强调要以□□□□□为动力，进一步凝聚合力、聚焦重点、借鉴经验、狠抓落实。

6．同志们，刚才□□□□□向□□□□□汇报了□□□□□□工作情况，□□□□□作了初步指导，提出了宝贵的意见建议和工作要求。

7. 同志们，刚才，□□□□□□深刻解读了□□□□□□的方向、原则、重点以及方式方法，为我们进一步把准要求、精准发力，给予了极具针对性的指导。

8. □□□□□□深入介绍了□□□□□□主要做法，为我们抓好抓实各项工作提供了非常好的借鉴。

9. □□□□□□具体辅导了□□□□□□，为我们把准重点、做好相关工作提供了扎实的指导。

10. □□□□□□在讲话中，提纲挈领地总结了□□□□□□建设□□个方面工作成效，深入指出了具体工作环节中存在的□□个方面具体问题，简要分析了□□□□□□等方面面临的新情况新变化，重点部署了□□□□□□建设□□个方面工作。

11. □□□□□□站在讲政治、讲大局、讲责任的高度，指出了□□□□□□的特殊重要意义，要求各地、各部门、各单位要切实提升做好□□□□□□工作的政治站位，从大局出发，切实把思想和行动统一到□□□□□□的决策部署上来，不折不扣地落实好□□□□□□任务。

（五）评价常用表达

1. 既充分体现了□□□□□□会议精神，又符合□□□□□□工作实际，对于□□□□□□具有重要指导意义/对□□□□□□工作再上新台阶具有很强的指导作用。

2. 充分体现了□□□□□□指示批示精神/部署要求/责任担当/工作态度和作风/身心投入/感情所系，为我们既上了一堂□□□□□□的方法课，也上了一堂□□□□□□的感情培养课！

3. □□□□□□生动具体地展现了□□□□□□的爱国情怀，□□□□□□的敬业精神，□□□□□□的高尚情操。对每一名□□□□□□都是一次精神的洗礼和心灵的净化。

4. □□□□□□吸引力和感染力也特别强/□□□□□□具有很

好的激励与榜样作用。

5. 我们相信，有□□□□□坚强领导，有□□□□□一如既往的关心支持，□□□□□的明天一定会更加美好！

6. 常用程度修饰词：高/很/实/很强/高度的/深刻的/现实的。

7. 其他短词短句（按拼音 A-Z 顺序排列）。

拼音 A 开头：安排具体；

拼音 C 开头：措施具体/措施得力/催人奋进/吹响集结号；

拼音 F 开头：方向性/分析透彻/富有激情/非常实在/非常生动/非常提神/发出动员令；

拼音 G 开头：高屋建瓴/感人肺腑/高瞻远瞩/工作视角宽/鼓舞了士气；

拼音 H 开头：很生动/很深入；

拼音 J 开头：尽力而为/坚定了信心/讲解非常生动/既有理论深度、思想深度；

拼音 K 开头：客观中肯/客观实在；

拼音 L 开头：理论性/立意高/论述深刻/令人鼓舞/量力而行/立意深远/理论联系实际；

拼音 M 开头：目标明确/满怀关切/明确了思路；

拼音 N 开头：内容实/内容充实/内容丰富/内涵丰富/内容非常翔实；

拼音 P 开头：朴实无华；

拼音 Q 开头：全面翔实/切中要害/情真意切；

拼音 R 开头：任务明确/热情洋溢；

拼音 S 开头：思想性/实践性/思路清/受益匪浅/深入浅出/思想深邃/思路清晰/深刻透彻；

拼音 T 开头：贴近实际/提高了认识/提供了方法/贴近工作生活；

拼音 X 开头：现实性/行动指南/形式灵活；

拼音 Y 开头：要求明确/要求到位/印象深刻/一针见血/严谨生动/意义深刻/有的放矢/语重心长；

拼音 Z 开头：政治性/指导性/针对性/战略性/重点突出/主题鲜明/周密有力/站位高远/指向明确/政治站位高。

（六）学习传达常用表达

1. 传达好会议精神/迅速传达贯彻本次会议精神/高度重视，积极汇报/及时传达部署/要做好汇报。

2. 各县市区和各部门与会同志回去后要向一把手作好汇报，尽快召开专题会议进行研究部署，并结合本地区本部门实际，制订切实可行的工作方案。

3. 会后与会同志要及时将会议精神向本地区□□□□□□领导作专题汇报，传达学习会议精神，特别是□□□□□□讲话精神，切实把思想和行动统一到□□□□□□决策部署上来，进一步增强做好□□□□□□工作的自觉性和主动性。

4. 各地□□□□□□主要负责人要带头提高政治站位、履行政治责任、强化工作担当，将这次会议精神及时准确地向党委、政府汇报，积极主动争取党委政府对□□□□□□工作的重视和支持，将□□□□□□工作融入经济社会发展大局，摆上更加突出的位置，实现更高质量的发展。

5. 各地要在□□月□□日前，把贯彻落实此次会议精神情况书面报□□□□□□。

6. 各市县□□□□□□要及时组织传达学习，将这次会议精神传达到□□□□□□系统每一个岗位、每一名工作人员。

7. 会后，各□□□□□□要高度重视，及时将这次会议精神传达至每名党员干部，认真组织学习和讨论，深入消化理解，确保横向到边、纵向到底。

（七）抓好落实常用表达

1. 要增强意识、抓好落实/突出重点，致力当前几项工作抓好落实/切实抓好各项任务落实/认真研究，搞好谋划/强化政策落实/要明确责任，抓好落实/体现一个"实"字。

2．此次会议对做好当前□□□□□□工作提出了明确要求、提供了基本遵循。

3．各□□□□□□要增强"行动自觉"和"实干精神"，把□□□□□□工作牢牢抓在手上、落实在行动上。

4．要结合本次会议精神的贯彻落实，结合实际，进一步理清思路，制定各地各部门□□工作要点。一是□□□□□□。二是□□□□□□。三是□□□□□□。

5．各地要发挥□□□□□□联席会议机制作用，立即组织开展排查。

6．排查要做到全覆盖、地毯式，不能再有遗漏，并按照一案一责要求，建立责任清单，落实责任人，明确责任、提出要求。

7．形成□□□□□□长效机制，今后如果出现排查不到位、化解不及时、责任不落实，将追究相关人员责任。

8．各级□□□□□□部门要认真研究贯彻落实意见，细化量化工作措施，对于有明确时限要求的工作任务，要压实责任、倒排工期，蹄疾步稳、保质保量按时完成。

9．目标任务既定，关键是抓好落实。

10．各地要结合实际，深入消化理解□□□□□□会议精神，把对□□会议精神的理解和认识切实转化为推动□□□□□□实践的思路和方法，创造性抓好年度□□□□□□落实，争取多出工作亮点、多出经验做法。

11．按照□□□□□□工作任务分工，密切配合、积极协同协作、形成工作合力，推进相关任务落到实处。

12．□□□□□□要充分发挥牵头协调作用，负责□□□□□□。

13．各□□□□□□要积极履行□□□□□□主体责任，□□□□□□。

14．底子要摸实，不走过场；数字要核实，不做假造假；问题要实查实抓，不虚报瞒报。

（八）督查问效常用表达

1．督办问责要体现一个"严"字/跟踪问效要及时/要谋划工作督查/持续跟踪问效/要加大监督执纪问责力度/要严格抓好督查落实工作/跟踪督导、确保实效。

2．对各地政策落实情况□□□□□□要一周一督查一通报，发现弄虚作假一律交由□□□□□□追责问责。

3．围绕□□□□□□具体要求，对□□□□□□落实情况动态调度推进，及时总结经验、宣传工作、报告情况，确保政策措施落地见效。

4．成立工作组赴各地进行实地检查，每个市还随机抽取□□□□□□进行实地督导。督查主要看□□□□□□情况以及工作中存在的问题困难等。

5．从现在开始，□□□□□□要切实负起责任，进一步加大对□□□□□□的督办检查力度，从□□□□□□，到□□□□□□，要全程跟踪督查落实。

6．□□□□□□组织专门工作力量，对□□□□□□落实情况进行督查，每□个月向□□□□□□报送一次工作督查情况。

（九）结尾常用表达

1．最后，让我们再次以热烈的掌声，对□□□□□□的辅导报告表示感谢！

2．报告会到此结束，请□□□□□□退场，大家起立鼓掌欢送。

3．□□□□□□将会对我省□□□□□□工作的开展起到重要的促进作用，再次对□□□□□□的辛勤工作表示诚挚感谢！

4．今天的会议就到这里，散会。

5．会议/论坛/讲座到此结束。

6．会议/论坛/讲座到此结束，谢谢大家！

7．会议到此结束，散会。

8．散会！

第三节 老秘心得

会议主持词不能长篇大论、侃侃而谈、喧宾夺主,而要追求"简约但不简单"。通过好的主持词串联、指挥、强调,能够使会议或者活动更加紧凑,效果更加到位。主持词通常要发挥好以下几个方面作用:

(一)串联指挥作用

好的主持词要串起活动前的各项准备、活动中的注意事项、活动后的成果运用,串起会议前的前期工作、会议中的领导要求和会议后的贯彻落实,串起台上和台下的互动。

(二)总结评价作用

相对独立或比较重要的环节进行完毕,特别是与会的最高领导讲完话之后,主持人应有所回应,作出简短的、恰如其分的评价,以加深印象、引起重视,但切记不要过分追捧、夸大宣传。

(三)部署强调作用

主持词要在前面讲话的基础上,作进一步强调,要把要求提实、把责任落实、把时间敲实、把纪律抓实。一般来说,对工作再部署提要求是主持词内容重中之重,但在这之前已有翔实的动员部署,因此主持词中的提意见贵在新、实、短。所谓新,即有新意,要传得开、叫得响。所谓实,即要求要实在,活动前的领会、活动中的执行和活动后的成果均具有可操作性。所谓短,即文字要精炼,语言要有张力,精炼中有爆发力,简短中有足够的信息量。

第二十一章 传达提纲

第一节 共性模板

模板 1

□□□□□会议精神传达提纲

□□□□□□□□□□□会议已胜利闭幕。现将会议主要精神传达如下。

一、会议概况

□□□□□□□□□□□会议于□□月□□日至□□日在□□□□□□举行,共进行□□天。会议由□□□□□主持;□□□□□作了□□□□□工作报告;□□□□□出席并发表了讲话;□□□□□、□□□□□出席会议。

会议组织质量高。□□□□□□□□□。

会风会纪要求高。□□□□□□□□□。

参会讨论热情高。□□□□□□□□□。

二、主要精神

1. □□□□□□工作报告主要精神

报告指出,□□□□□□□□□□。

报告强调,□□□□□□□□□□。

……

2. □□□□□□同志讲话主要精神

会上,□□□□□□□□□□。

□□□□□□同志指出，□□□□□□。

□□□□□□同志着重强调了□□个问题。一是□□□□□□。二是□□□□□□。三是□□□□□□。

……

三、学习贯彻需要领会的几个方面

1．如何理解□□□□□□□□□□□□。□□□□□□。

2．如何发挥□□□□□□□□□□□□。□□□□□□。

3．如何落实□□□□□□□□□□□□。□□□□□□。

……

四、贯彻落实会议精神的部署和打算

一是召开□□□□□□会议传达精神。

二是组织□□□□□□学习会议精神。

三是迅速制订落实□□□□□□方案。

……

模板 2

□□□□□□会议精神传达提纲

□□□□□□□□□□□会议于□□月□□日至□□日在□□□□□□举行。会议由□□□□□□主持，□□□□□□出席会议并发表讲话。会议主要精神体现在□□□□□□同志的讲话中，现将主要精神传达如下。

会议认为，□□□□□□□□□□□□。

会议指出，□□□□□□□□□□□□。

会议强调，□□□□□□□□□□□□。

……

下一步，我们将认真贯彻□□□□□□□□□□会议精神，按照□□□□□□部署要求，紧盯□□□□□□目标，扎实推进□□

□□□□工作，为□□□□□作出新的更大贡献。一是□□□□□□。□□□□□□□□□□。二是□□□□□□。□□□□□□□□□□。三是□□□□□□。□□□□□□□□□□□□□……

第二节 常见套件及高频词句

1．□□□□□□会议胜利闭幕了。学习好、贯彻好、落实好会议精神，是当前的一项重要政治任务。

2．提高政治站位，充分认识这次会议的重要意义/统一思想、凝聚共识/提高思想认识。□□□□□□是□□□□□□□。认真学习贯彻这次□□□□□□会议精神，对于□□□□□□具有十分重大的意义。学习贯彻会议精神，要与□□□□□□结合起来，切实把思想和行动统一到□□□□□□决策部署上来。

3．深刻领会、全面准确把握□□□□□□会议精神实质，在学深悟透□□□□□□中进一步□□□□□□的信心与决心。

4．迅速组织传达，领会精神实质。拟召开□□□□□□会议，专题传达学习□□□□□□会议精神，对学习、宣传、贯彻工作进行全面安排，切实做到□□□□□□全覆盖。

5．强化责任担当，结合□□□□□□实际贯彻落实好会议精神。认真传达会议精神，□□□□□□，进一步明晰工作思路，突出履职重点，拿出务实举措，保障和推动□□□□□□落实落细、落地见效。

6．部署/制订/实施□□□□□□计划/活动/工作。重点围绕□□□□□□等问题，以□□□□□□会议的形式，开展□□□□□□活动。

7．把握重点、精准发力。进一步□□□□□□，为□□□□□□提供统计支撑。

8．加强组织领导，扎实抓好□□□□□□学习贯彻工作。充分发挥□□□□□□示范引领作用，带动□□□□□□深入学习贯彻大会精神。

9．认真组织和引导□□□□□□学习宣讲会议精神，让会议精神走入群众、深入基层、落地生根。

10．强化组织、狠抓落实。要组织□□□□□□认真学习会议精神。重点学习□□□□□，准确把握□□□□□，把□□□□□用好。

第三节 老秘心得

会议精神传达提纲一般传达的都是重要会议精神，这种情况下会议主要内容都是非常明确的。如何做到言简意赅、条理明确地传达，笔者认为主要应从三个方面入手。

（一）懂得留什么

一般领导讲话中有核心观点、阐述性语言、要求部署类语言。在传达提纲中，领导讲话核心观点一定要留住，这是把脉定向的。要求部署类语言也要留住，因为这涉及下步工作要求和贯彻落实举措内容。

（二）懂得删什么

正如上面所提到的，对核心观点的阐述类语言可以删掉。

（三）懂得变什么

对于总体框架，不要完全按领导讲话中的标题来提炼，可以从领导讲话中的核心要求进行概括。可以用"会议提出""会议明确""会议强调""会议要求"等表达方式；也可以用"一是、二是、三是"这种一目了然的形式进行概括。

第二十二章 工作汇报

第一节 共性模板

模板1

□□□□□□（部门、单位或者议事协调机构名称）
关于□□□□□□□□□□□工作进展情况的汇报
□□□□□□ □□□（注：职务和姓名）
（□□□□年□□月□□日）

□□□□□□：

20□□年以来，□□□□□□□□□□□部门/单位坚持以□□□□□□□□□□□□□为指导，深入贯彻□□□□□□□□□□、□□□□□□□□□□□各项要求，强化履职尽责，强化顶层设计，强化工作创新，强化担当作为，各项工作取得重大进展。具体情况汇报如下：（**注**：此部分可简写，像模板2中提供的一句话表述到位即可，也可以加入感谢或者是总体工作情况概括内容，相关表述可借鉴本章"常见套件及高频词句"）

一、基本情况/重点工作情况

（一）□□□□□□奠定坚实基础。

（二）□□□□□□持续扎实开展。

（三）□□□□□□实现稳步推进。

……

二、亮点工作

（一）□□□□□实现突破。

（二）□□□□□创新开展。

（三）□□□□□亮点纷呈。

……

三、主要问题

□□□□□□工作虽然取得了一些成绩，但总体来看，由于□□□□□□，□□□□□□工作还存在□□□□□□等问题。主要表现在：

（一）□□□□□问题部分存在。

（二）□□□□□项目进展缓慢。

（三）□□□□□个别问题突出。

……

四、下一步工作总体思路和主要措施

当前和今后一个时期，我们将认真贯彻落实□□□□□□，重点抓好以下几个方面的工作：

（一）□□□□□□□□。

（二）□□□□□□□□。

（三）□□□□□□□□。

……

模板 2

□□□□□（部门、单位或者议事协调机构名称）

关于□□□□□□□□□□□工作进展情况的汇报/汇报提纲

□□□□□　□□□（注：职务和姓名）

（□□□□年□□月□□日）

按照□□□□□要求，现将□□□□□工作情况汇报如下：（注：此模板是最为典型的三段式汇报体例）

一、□□□□□□□□□□□□工作基本情况

（一）□□□□□□。

（二）□□□□□□。

（三）□□□□□□。

……

二、当前工作中存在的主要问题

□□□□□□□□□□□□。主要表现在：

（一）□□□□□□。

（二）□□□□□□。

（三）□□□□□□。

……

三、下一步工作总体思路和主要措施

（一）□□□□□□。

（二）□□□□□□。

（三）□□□□□□。

……

模板 3

□□□□□□（部门、单位或者议事协调机构名称）

关于□□□□□□□□□□□□工作进展情况的汇报提纲

□□□□□□　□□□（注：职务和姓名）

（□□□□年□□月□□日）

按照□□□□□□要求，现将□□□□□□□工作情况汇报如下：
（注：这种模板一般应用在会议交流汇报中）

一、□□□□□□□□□□□□□

（一）存在问题：□□□□□□

（二）对策建议：□□□□□□

......

二、□□□□□□□□□□

（一）存在问题：□□□□□

（二）对策建议：□□□□□

......

三、□□□□□□□□□□

（一）存在问题：□□□□□

（二）对策建议：□□□□□

......

模板 4

□□□□（部门、单位或者议事协调机构名称）

关于□□□□□□□□工作进展情况的汇报

□□□□□　□□□（注：职务和姓名）

（□□□□年□□月□□日）

按照□□□□□要求，现将□□□□□工作情况汇报如下：（注：这种模板最为简单，在实际应用中很常见）

一、□□□□□□□□□□

......

二、□□□□□□□□□□

......

三、□□□□□□□□□□

......

第二节　常见套件及高频词句

（一）帽段表示感谢或者总结常用表达

1. □□□□□（注：部门或者单位）在□□□□□（注：

某项工作或者活动）中，紧扣主题主线，准确把握□□□□□总要求和目标任务，将"真""准""实""效"贯穿始终，推动□□□□□□走深走实、取得实效/在"高、细、优、实"上不断巩固提升、深化完善（**注：用几个字概括全篇汇报的主要内容**）。

2. □□□□□□□□□□（**注：某件重要事项为起点**）以来，坚持□□□□□□□□□，谱写□□□□□□□□□新篇章。

3. 聚焦□□□□□，不等不靠、主动求变，推动□□□□□跨越，积极探索□□□□□之路（**注：重要举措**）。预计□□□□年实现□□□□□□□□□。

4. □□□□□以来，□□□□□□组织召开了□□□□□会议，对□□□□□□工作进行了安排部署。此外，还印发□□□□□□□□□□工作要点，提出了□□□□□□□□□□工程。

（二）收尾常用表达

1. 通过以上顶层设计和狠抓落实，努力使□□□□□□□□□□□工作进入全国先进行列。

2. □□□□□□将坚持□□□□□□□□□□，奋战"开门稳""开门红"，加快推进跨越式高质量发展，为□□□□□□大局作出更大贡献。

（三）汇报标题"精准"常用表达（**注：此类标题往往把汇报内容精准概括为几个字，能够让人印象深刻**）

1. 把"真"字贯穿始终，做到□□□□□□□□。
　　把"准"字贯穿始终，做到□□□□□□□□。
　　把"实"字贯穿始终，做到□□□□□□□□。
　　把"效"字贯穿始终，做到□□□□□□□□。

2. 突出"实"字，严格□□□□□□□□。
　　突出"严"字，加强□□□□□□□□。
　　突出"硬"字，狠抓□□□□□□□□。

突出"带"字,加强□□□□□□□□□。
3. "高",就是聚焦"国之大者",□□□□□。
"细",就是做到"细致周密",□□□□□。
"优",就是体现"优中选优",□□□□□。
"实",就是凸显"高效务实",□□□□□。

(四)汇报标题"鲜明"常用表达(注:此类在每一个标题上都用"聚力""全力""聚焦""突出""突破""下功夫""强化""坚持"等词语,营造气势、提振精神)

1. 聚力在□□□□□□□□□□□求突破见实效。
   聚力在□□□□□□□□□□□求突破见实效。
   聚力在□□□□□□□□□□□求突破见实效。
2. 聚焦□□□□□,构筑□□□□□组织体系。
   聚焦□□□□□,健全□□□□□治理机制。
   聚焦□□□□□,优化□□□□□供给模式。
   聚焦□□□□网络建立,□□□□更加严实细密。
   聚焦□□□□有机结合,□□□□更加灵活快捷。
   聚焦□□□□协调联动,□□□□更加精准到位。
   聚焦□□□□责任落实,□□□□更加直接有效。
   聚焦□□□□潜在功能,□□□□更加规范有序。
3. 突出□□□□□,全力打好□□□□□□。
   突出□□□□□,全力打好□□□□□□。
   突出□□□□□,全力打好□□□□□□。
4. 以建立□□□□□□为突破口,在□□□□□□上取得新突破。
   以开展□□□□□□为抓手,在□□□□□□上取得新突破。
   以建设□□□□□□为切入点,在□□□□□□上取得新突破。
5. 在提高□□□□□□□□□□上下功夫。
   在精简□□□□□□□□□□上下功夫。
   在提升□□□□□□□□□□上下功夫。

6. 强化□□□□□□□□□□□理论武装。
   强化□□□□□□□□□□□制度建设。
   强化□□□□□□□□□□□政治引领。
7. 全民总动员□□□□□□□□□□。
   全域齐攻坚□□□□□□□□□□。
   全程不停歇□□□□□□□□□□。
8. 一体化规划破解□□□□□□□□。
   一体化智治破解□□□□□□□□。
   一体化布局破解□□□□□□□□。

（五）汇报标题"生动"常用表达（注：此类标题一般运用比喻或者拟人方法，使汇报内容生动易懂，令人印象深刻）

1. □□□□□□□□跑出"风火轮"的速度。
   □□□□□□□□发挥"金箍棒"的威力。
   □□□□□□□□做足"绣花针"的功夫。
2. □□□□□□□□□□，强势"腾笼换鸟"。
   □□□□□□□□，全力"筑巢引凤"。
   □□□□□□□□□，加速"凤凰涅槃"。
3. 以□□□□为抓手，当好□□□□"店小二"。
   以□□□□为引领，打好□□□□"组合拳"。
   以□□□□为动力，抓好□□□□"生态链"。
4. 守牢□□□□□"基本盘"，把□□□□□当成"自己人"。
   抓住□□□□□"牛鼻子"，把□□□□□做成"香饽饽"。
   干出□□□□□"加速度"，为□□□□□注入"新动能"。
5. 突出□□□□□□□□，一张蓝图干到底。
   拼抢□□□□□□□□，打造强劲增长极。
   铁腕□□□□□□□□，重塑空间促蝶变。
6. 紧抓□□□□□□□□□□"牛鼻子"。
   做好□□□□□□□□□□"大文章"。

营造□□□□□□□□□□"好生态"。

7. □□□□□□，织密□□□□□"安全网"。
   □□□□□□，跑出□□□□□"加速度"。
   □□□□□□，按下□□□□□"快进键"。

8. 慎终如始，当好□□□□□□"守卫者"。
   政企联动，按下□□□□□□"快进键"。
   化危为机，赢得□□□□□□"主动权"。

9. 坚持□□□□，筑牢□□□□□基本盘。
   强化□□□□，竞抢□□□□□新赛道。
   突出□□□□，点燃□□□□□主引擎。

10. 走□□□融合之路，打造□□□□□新引擎。
    走□□□融合之路，打造□□□□□新高地。
    走□□□融合之路，打造□□□□□新生态。

11. 上下一盘棋，聚力□□□□□□□□。
    政企一条心，全力□□□□□□□□。
    拧成一股绳，合力□□□□□□□□。

（六）汇报标题"规整"常用表达（注：此类标题用数字"一"或者"一、二、三"等将标题内容形式串联到一起，达到整齐划一效果，让人眼前一亮）

1. 护好"一片林"，让□□□□□成为新起点。
   盘活"一间房"，让□□□□□实现新价值。
   做精"一味药"，让□□□□□焕发新生机。

2. 聚焦"一号工程"，□□□□□□□□。
   坚持"两轮驱动"，□□□□□□□□。
   夯实"三大支撑"，□□□□□□□□。

3. □□□□□□保持政府企业"一条心"。
   □□□□□□奏响整治转型"二重奏"。
   □□□□□□用好改革创新"三板斧"。

（七）其他汇报标题常用表达（注：好的汇报标题远远不局限于上面几种，下面列举几个，供参考）

1. 坚持把担当体现在□□□上，坚守忠诚，洗礼灵魂，始终把□□□□□□□□作为不懈追求。

  始终把担当体现在□□□上，身在兵位，心为帅谋，始终把□□□□□□□□作为安身之本。

  始终把担当体现在□□□上，攻坚克难，昼夜兼程，始终把□□□□□□□□作为基本要求。

2. 坚持抓□□□□□□、强根本，在□□□□□□上旗帜鲜明。

  坚持抓□□□□□□、强质量，在□□□□□□中勇于担当。

  坚持抓□□□□□□、强本领，在□□□□□□上持续用力。

3. 围绕□□□□□□，着力深化□□□□□□，高质量发展活力持续增强。

  围绕□□□□□□，着力创新□□□□□□，高质量发展支撑更加有力。

  围绕□□□□□□，着力保障□□□□□□，高质量发展成果全民共享。

4. 大力推进□□□□□□，加快建设□□□□□□。

  持续优化□□□□□□，加快发展□□□□□□。

  坚持扩大□□□□□□，不断激发□□□□□□。

5. 健全□□□□□□体系，严格□□□□□□责任。

  推进□□□□□□治理，加大□□□□□□力度。

  加强□□□□□□预防，全面□□□□□□整改。

6. 着力□□□□□□，□□□□□□保持平稳运行。

  着力□□□□□□，□□□□□□质量稳步提升。

  着力□□□□□□，□□□□□□短板加快补齐。

7. 以□□□□□□引领产业发展，加快构建□□□□□□□□。

  以□□□□□□引领城市发展，快速实现□□□□□□□□。

以□□□□□引领创新发展，全力促进□□□□□□□□。

8. 围着□□□□□□转，□□□□□□□同心促发展。
   围着□□□□□□转，□□□□□□□同欲促振兴。
   围着□□□□□□转，□□□□□□□同行促治理。
9. 走进□□□□□□同风雨，实体经济才更加稳健。
   走进□□□□□□同挑担，攻坚破难才更加有力。
   走进□□□□□□同呼吸，为民服务才更加暖心。

第三节 老秘心得

工作汇报应用广泛，汇报对象主要是你的上级机关或者领导，直观展示你的能力水平，非常之重要。在实际应用中，根据面向对象、场景、具体工作内容不同，汇报模式、重点差距很大。就算是同样一份工作，面向不同人汇报，也会有所不同。除了上面同大家分享的标题要注意之外，更为重要的是请大家记住，汇报不是按"有"汇报。也就是说，不是按照你做了什么、有什么就平铺直叙说什么，而是按"需"汇报。尤其是在基层工作，内容千头万绪，工作量大，不要想着"胡子眉毛一把抓"，面面俱到，要找到听取汇报人的兴趣点，突出重点亮点、安排好顺序，才有可能使汇报出彩。

汇报有书面汇报和口头汇报两种形式，口头汇报同样有模板可借鉴：

（一）口头汇报时该怎么说

上面提供的模板都是书面汇报时用到的。其实在实际机关工作中，需要口头向领导作大量汇报工作。结合机关实际工作经验，按照下面口头模板汇报，可能会达到较好的效果。

□□□□□□，（注：领导称谓）按照□□□□□□会议/□□□□□□领导讲话/□□□□□□文件要求/您指示批示要求，（注：汇报原因，引起领导关注）□□□□□□写了一份□□□□□□材料。想利用大约□□□□□□（注：汇报时间长度，看一下领导是否有时间听取汇报）给您汇报一下，您看方便吗？

如果领导同意,那么就可以进行汇报,汇报时一定要简明扼要,直奔主题,一般采取总分式,开始直接亮明主题,然后分述支撑的事实。

□□□□□□,(注:领导称谓)关于□□□□□□□□□项目,我建议□□□□□□□□□□(建议一定要有,汇报很重要的一点是要有自己的观点)。主要原因是:一是□□□□□□□□□□□□□□□。二是□□□□□□□□□□□□□□□□□。三是□□□□□□□□□□□□□□□□。(注:具体原因要用事实说话)您看可以吗?(注:最后还是要领导拍板)

(二)提交汇报材料小贴士

建议在向领导呈送拟写的讲话、汇报、总结等综合材料时,在头页夹上四五行左右的小帖,以让领导在最短时间内了解此项材料的因由背景、起草思路、所做工作,以提升领导审核把关的效率。

1. 此材料主要是为□□□□□参加□□□□□会议提供素材。

□□□□□□办公室在综合有关□□□□□□单位提供的情况基础上,融入了近几年系列综合材料中有关内容(尤其是问题和建议部分),并征求了□□□□□□单位意见。主要目的,一方面是增强材料厚度,把成果兜全,把问题兜清,把措施兜明;另一方面是利用□□□□□□参会的契机,进一步向□□□□□□反映困难,争取更多政策、项目、资金。

2. 收到厅领导在《□□□□□□工作方案》上作的重要批示后,厅办公室高度重视,拟订了《□□□□□□方案》。

□□□□□□具备三个特点:一是建立了三个清单。进一步明确了问题清单、任务清单、责任清单。二是强化了□□□□□□□。进一步明确有关处室单位在落实□□□□□□文件中的责任。三是扩大了整改内容。以此次整改为契机,在全系统全面梳理各级□□□□□□专项巡视巡察、督查暗访、督导调研中发现的□□□□□□"面"上和□□□□□□"点"上□□□□□□问题整改情况。

现将拟订的《□□□□□□方案》呈上,如无不妥,将按程序印发实施。

3. □□□□年□□月□□日，□□□考核组将到我省开展为期约两周的考核，对□□□□□□进行实地考核。有关迎检工作，正按照您审定同意的工作方案稳步进行中。

据了解，考核组拟于□□月□□日至□□日，访谈部分省直单位主要领导。□□□□□办公室在吃透考核规程的情况下，会同有关□□□□□□，起草了《□□□□□□汇报参考提纲》。提纲体例基本采取一问一答的方式，从□□□、□□□、□□□有关情况方面综合了有关情况，有关数据进行了再次调度核实（部分数据为动态变化，建议以此次为准），供参考。

第二十三章　起草说明

第一节　共性模板

模板1（政策文件起草说明）

《□□□□□》（注：文件名称）起草说明

根据□□□□□□工作安排，现就《□□□□□》起草情况说明如下：

一、起草背景/必要性和可行性

（一）制定《□□□□□》是□□□□□□的需要。□□□□□□□□□□□。

（二）制定《□□□□□》是□□□□□□的需要。□□□□□□□□□□□。

（三）制定《□□□□□》是□□□□□□的需要。□□□□□□□□□□□。

（注：相关表述可借鉴本章"常见套件及高频词句"）

二、起草过程

□□□□□□□□□□□□□。□□□□□□□□□□□□□。（注：相关表述可借鉴本章"常见套件及高频词句"）

三、制定依据

1.《□□□□□□法》；

2.《□□□□□□条例》；

3.《□□□□□□办法》；

……

（注：相关表述可借鉴本章"常见套件及高频词句"）

四、文件主要内容

□□□□□□□□□□□□。□□□□□□□□□□□□□。（注：相关表述可借鉴本章"常见套件及高频词句"）

五、其他需要说明的事项

□□□□□□□□□□□□。□□□□□□□□□□□□□。（注：相关表述可借鉴本章"常见套件及高频词句"）

特此说明。

模板 2（重要报告起草说明）

《□□□□□□》（注：报告名称）起草说明

根据□□□□□□工作安排，现就《□□□□□□》起草情况说明如下：

一、起草背景和过程

□□□□□□□□□□□□。□□□□□□□□□□□□□。

二、主要内容

□□□□□□□□□□□□。□□□□□□□□□□□□□。

三、下步安排

□□□□□□□□□□□□。□□□□□□□□□□□□□。

特此说明。

第二节　常见套件及高频词句

（一）标题常用表达

1.《□□□□□□□□□□□□办法》起草说明；

2. 关于《□□□□□□□□□□□办法》的起草说明；

3. □□□□□□关于《□□□□□□□□□□□办法》的起草说明。

（二）起草背景常用表达

1. □□□□□□是□□□□□□跟进时代发展步伐的内在要求。

2. □□□□□□是对□□□□□□的继承和创新。

3. □□□□□□是解决□□□□□□突出矛盾和问题的关键之举。

4. 近年来，□□□□□□快速发展/□□□□□□不断增强/□□□□□□规模不断扩大，对□□□□□□发挥了重要作用。为□□□□□□，营造□□□□□□。

5. □□□□年□□月□□日，□□□□□□印发了《□□□□□□》，体现了□□□□□□对□□□□□□发展的高度重视，是进一步加快□□□□□□的重大战略举措。为贯彻落实好□□□□□□规划，进一步夯实□□□□□□，按照□□□□□□要求，□□□□□□对标衔接《□□□□□□》，研究制定了本意见。

6. 原《□□□□□□办法（试行）》在促进□□□□□□建设，规范□□□□□□等方面发挥了重要作用。进入新时代，该文件已不适应开发区新实际/新变化/新政策/新环境，亟须修订《□□□□□□办法》。

7. 面对新的形势和任务，起草出台《□□□□□□办法》，时机成熟、条件具备、要求迫切、意义重大。

（三）必要性和可行性常用表达

1. 是贯彻落实□□□□□□决策部署，全面加强□□□□□□的需要。

2. 是巩固□□□□□□发展成效，全面推动□□□□□□建设的需要。

3. 是对标对表□□□□□□，全面融入□□□□□□发展的需要。

4. 是适应相关法律规章修订/机构改革职能转隶/高质量发展/焕发新活力/□□□□□□的需要。

（四）起草过程常用表达

1. 在领导重视方面

（1）《□□□□□□》起草工作，是在□□□□□□的直接领导下进行的。

（2）□□□□□□始终高度重视、关心关注，多次听取汇报，作出指示，为报告起草工作指明方向。

（3）《□□□□□□》起草工作，从□□、□□、□□等各环节，得到了□□□□□□的高度重视和□□□□□□部门大力支持。

2. 在成立领导小组/起草组方面

□□□□年□□月至□□月，成立《□□□□□□》工作领导小组，并抽调专家成立起草工作专班，收集整理□□□□□□等材料，多次召开工作会议进行讨论研究。

3. 在调研方面

□□□□年□□月至□□月，□□□□□□组织开展前期研究和调研论证工作，赴□□□□□□考察，在深入调查研究□□□□□□基础上，形成调研工作报告，向□□□□□□提出《□□□□□□》建议，制订推进《□□□□□□》工作方案。

4. 在形成初稿方面

在充分调研、摸底调查的基础上，于□□□□年□□月起草了文件初稿，并多次反复修改，确保质量。

5. 在征求意见方面

（1）广泛/充分征求□□□□□□系统、相关□□□□□□单位和社会公众意见，经研究论证和修改，形成《□□□□□□（草案送审稿）》。

（2）截至目前，共征求□□个部门意见，收到□□条意见建议，采纳□□条，未采纳□□条，部分采纳□□条。未采纳的□□条建议主要原因集中在□□□□□□等方面。

6. 在召开党组/党委会专题研究方面

召开□□□□□□会，□□□□□□党组/党委全体成员和相关处室负责人参加，对□□□□□□深入讨论提出意见。

（五）制定依据常用表达

1. 主要法律法规规章依据：《中华人民共和国□□□□□□法》

《中华人民共和国□□□□□□条例》《中华人民共和国□□□□□□准则》《□□□□□□关于□□□□□□的规定》等。

2．主要文件依据:《□□□□□□关于□□□□□□的指导意见》《□□□□□□关于□□□□□□的若干意见》等。

3．另外需要说明的是，制定政策文件依据主要来源于上位法律和政策，法律位阶高的法律称为上位法，法律位阶低的法律称为下位法。在制定政策文件时，上位法可以作为下位法的立法依据，下位法与上位法规定抵触的，必须适用上位法。具体法律位阶顺序是：

第一位阶是《宪法》。宪法是国家的根本法，因而处于最高的法律位阶，具有最高的法律效力。

第二位阶是法律。这里的法律特指由全国人民代表大会及其常务委员会制定并由国家主席令发布的规范性文件。比如《刑法》《民法典》，它们的法律位阶和效力等级在宪法之下，在行政法规之上。

第三位阶是行政法规。行政法规是由国务院制定并以国务院令发布的规范性文件。比如，《中华人民共和国母婴保健法实施办法》《中华人民共和国计量法实施细则》《旅馆业治安管理办法》《互联网上网服务营业场所管理条例》《中华人民共和国海关稽查条例》《外商投资电信企业管理规定》。行政法规的法律位阶和效力等级处于法律之下，但在地方性法规和规章之上。

第四位阶是地方性法规、经济特区法规、自治条例和单行条例。地方性法规是指省、自治区、直辖市，设区的市，和得到授权的有关市人大及其常委会所制定出的规范性文件。

第五位阶是规章。规章，也称政府规章或行政规章，是有关国家行政机关依据法律、法规，在本职权范围内制定的具有普遍约束力的规范性文件。比如，原国家科委制定的《科学技术保密规定》，原劳动部发布的《技工学校招生规定》，原国家工商行政管理局发布的《关于禁止侵犯商业秘密行为的若干规定》，财政部发布的《中华人民共和国发票管理办法》。

（六）文件主要内容常用表达

1.《□□□□□》分□□大板块，共□□个部分。第一板块分□□个部分，主要阐述□□□□□；第二板块分□□个部分，主要从□□□□□等□□个方面，具体部署了□□□□□的主要任务和重大举措；第三板块分□□个部分，主要明确□□□□□。

2.《□□□□□》分为□□□、□□□、□□□等□□章，共□□条。主要内容说明如下。

（七）主要特点常用表达

1. 力求客观真实/实事求是/文风朴实/简明扼要/层次清楚/通俗易懂/重点突出。

2. 注重详略得当/繁简有度/精准性/感染力/灵活性/用数据说话。

3. 体现宏观性/突出延续性/强化操作性/具有指导性、针对性、操作性、创新性。

4. 领导高度重视/凝聚集体智慧/广泛征求意见/对标对表凸显政治性/突出年度工作特点/紧密联系实际/紧扣□□□□□改革的各项要求。

（八）结尾常用表达

1. 本次会议后，我们将根据□□□□□的意见，再作进一步修改，形成正式报告，提交□□□□□会议审议。

2. 提请□□□□□会议审议通过《□□□□□（审议稿）》，建议以□□□□□□□□□□名义印发《□□□□□》。

3. 以上说明，连同报告草案，请予审议。

第三节 老秘心得

起草说明，有的称为起草情况的汇报，就是用普通易懂的文字来详述《□□□□□》文件或者报告制定、修订的来龙去脉，相当于"文件或者报告指南"。

起草说明可以归为汇报体例的一种。能用到起草说明的政策文件、报告都非常重要，并且体例、内容相对确定，与一般工作汇报材料差异较大，因此将它单列一章说明。

　　起草说明的内容可以包含很多，就像前面提到的指导思想、起草背景、可行性、必要性、法律政策依据、起草过程、主要框架和内容、主要特点、说明事项、下步建议等。以上除了"主要内容""起草过程"是一定要有的之外，其他内容原则上不用面面俱到。并且很多内容可以放到一起说。比如，起草背景和主要依据可以放到一起，起草背景还可以同起草过程、必要性、可行性、指导思想、主要特点等放在一起，主要特点可以放到几点说明里，等等。具体情况可根据实际酌定。

第二十四章　交流发言

第一节　共性模板

模板1

在□□□□□□□□□□
培训班结业式上的交流发言
□□□（注：姓名）
（□□□□年□□月□□日）

□□□□□□：

　　□□□□□□□□□，□□□□□□□□□。（注：此为开篇切入点，这几句话要先声夺人或者引起大家共情，然后切入文章正题，相关表述可借鉴本章"常见套件及高频词句"）按照统一安排，由我对这次学习进修的情况作一个汇报，不妥之处，请大家批评指正。

　　这次培训班是□□□□□□□□□□，□□□□□□□□□□。（注：培训班开办背景意义）这次研讨班自□□日始到□□日止，历时□□时间，大家听取了□□□□□□的精彩报告，又听取了□□□□□□的精彩授课，在□□□□□□领导的亲切关怀下，在□□□□□□的精心指导下，在全班同学的共同努力下，圆满完成了学习任务。总结这次□□的学习，大家普遍感到，□□□□□□□□□□□□□□□□□。在此我们向□□□□□□□□□□表示衷心感谢！（注：表示感谢，相关表述可借鉴本章"常见套件及高频词句"）

首先我们一起回顾进修班的行程，分析发现这届班次具有以下特点：

一是□□□□□□□□□□□。
二是□□□□□□□□□□□。
三是□□□□□□□□□□□。

（**注**：概括培训班特点，可简写成一段或者简写到帽段里，相关表述可借鉴本章"常见套件及高频词句"）

经过这次培训，并结合工作实际，主要有以下几点收获：

一是□□□□□□□□□□□。（**注**：理论素养收获，相关表述可借鉴本章"常见套件及高频词句"）

二是□□□□□□□□□□□。（**注**：政治素质收获，相关表述可借鉴本章"常见套件及高频词句"）

三是□□□□□□□□□□□。（**注**：业务能力收获，相关表述可借鉴本章"常见套件及高频词句"）

四是□□□□□□□□□□□。（**注**：同学感情收获，相关表述可借鉴本章"常见套件及高频词句"）

……

经过这次培训，在以后工作中将有以下打算：

一是□□□□□□□□□□□。
二是□□□□□□□□□□□。
三是□□□□□□□□□□□。

（**注**：计划打算可以和收获部分写到一起，相关表述可借鉴本章"常见套件及高频词句"）

期待我们□□□□□□□□□□，衷心祝愿□□□□□□□□□□□。（**注**：表示祝福，相关表述可借鉴本章"常见套件及高频词句"）

模板 2

在□□□□□□□□□□
培训班的交流发言

□□□（注：姓名）

（□□□□年□□月□□日）

□□□□□□：

　　□□□□□□□□，□□□□□□□□，按照统一安排，现就由□□□□□□同大家进行研讨交流。

　　感悟之一：□□□□□□□□□□□。
　　感悟之二：□□□□□□□□□□□。
　　感悟之三：□□□□□□□□□□□。

（注：体会和感悟）

　　以上是我的体会和感悟，不妥之处，请大家批评指正。

模板 3

□□□□□□讨论发言提纲

□□□（注：姓名）

（□□□□年□□月□□日）

□□□□□□：

　　刚才，聆听□□□□□□的□□□□□□（注：报告、讲话等），备受鼓舞，备感振奋。（注：更多总体感受类词语，详见本章"常见套件及高频词句"）□□□□□□（注：报告、讲话等）□□□□、□□□□、□□□□（注：可选用总体评价类词语，详见本章"常见套件及高频词句"），总结工作□□□□、□□□□（注：可选用成效评价类词语，详见本章"常见套件及高频词句"），梳理经验□□□□、

□□□□（注：可选用经验评价类词语，详见本章"常见套件及高频词句"），分析问题□□□□、□□□□（注：可选用问题评价类词语，详见本章"常见套件及高频词句"），部署任务□□□□、□□□□（注：可选用部署评价类词语，详见本章"节常见套件及高频词句"），给人以方向的指引、进取的力量、□□□□□（注：更多"给人以"五字类词组，详见本章"常见套件及高频词句"），具有很强的□□性、□□性、□□性（注：可选用"性"字类词语，详见本章"常见套件及高频词句"），是□□□□□（注：此处填地名或部门名称）当前和今后一个时期做好□□□□□□工作的重要遵循。

　　□□□年来，□□。（注：围绕报告侧重的主要领域，简要概括本地、本部门的主要做法及成效）

　　下步，我们将对标对表□□□讲话精神，抓好贯彻落实。（注：对照报告中涉及的职能任务，结合本地或部门实际进行表态，谈具体落实的思路举措。表态类词语，详见本章"常见套件及高频词句"）

　　一是□□□□□□□□□□□□。□□□□□□□□□□□□□□□□□□□□□□□。

　　二是□□□□□□□□□□□□。□□□□□□□□□□□□□□□□□□□□□□□。

　　三是□□□□□□□□□□□□。□□□□□□□□□□□□□□□□□□□□□□□。

第二节　常见套件及高频词句

（一）培训交流切入点常用表达

1. 以重要节日、会议、活动等为切入点

（1）在□□□□□□坚定推进□□□□□□、□□□□□□开展□□□□□□活动的大背景下，非常荣幸有机会参加□□□□□□培训,我深感□□□□□。

(2)恰逢□□□□□会议刚刚召开、□□□□□□上下喜迎□□□□□□之际,我们在这里参加□□□□□□。

(3)在全国上下纪念□□□□□□胜利□□周年,全面学习贯彻□□□□□□会议精神的重要时期,我们十分荣幸参加□□□□□□。

(4)在□□□□□□开局起步的节骨眼上,这次专题培训又是一场及时雨。

2. 从四季天气特点切入

(1)春:

春回大地人间暖,绿染乾坤万物苏/在柳翠樱红、绿意萌动的□月/□月的党校校园欣欣向荣、生机盎然/在草长莺飞、万木葱茏的春天里,我们从四面八方、各条战线来到了□□□□□□,参加□□□□□□进修班/我们齐聚□□□□□□参加集中培训。

(2)夏:

这一刻,孟夏之日,万物并秀/在炎炎的盛夏,大家带着建设□□□□□□的重任,从祖国四面八方来到了风景优美的□□□□□□培训中心。

(3)秋:

金秋九月/送走盛夏,我们迎来了收获的秋季。来自不同岗位的□□□□□□相聚于□□□□□□,开启了□□□□□□学习生活。

(4)冬:

隆隆冬日,在□□□□□□这个培训中,我们感受了春天般的温暖,可以说,这是一个受益匪浅、终生难忘的"暖冬"。(**注**:更多四季类词句可参阅本书第27章"活动致辞"。)

3. 以感叹时间飞快、依依不舍等共情心理为切入点

(1)羲和驱白日,疾急不可待/时光荏苒,日月如梭/时光荏苒,白驹过隙/时光荏苒,转瞬即逝/时光如白驹过隙/弹指一挥间/时光飞逝。

（2）紧张而又充实的培训转瞬即逝/美好的时光总是短暂，转眼为期□□天的学习生活即将结束/□□天学习，在岁月长河里，犹如流星划过夜空转瞬即逝。

（3）曾记得，刚入□□□□□□时，这里还是"碧玉妆成一树高，万条垂下绿丝绦"；转眼间，已是"接天莲叶无穷碧，映日荷花别样红"。

（4）尽管大家学味正浓、意犹未尽，却不得不画上一个依依不舍的句号。

（5）短短□个月的"闭关学习"就要结束了，"自古多情伤离别"，想着我们即将别过，此时此刻、此情此景让我们内心充满留恋。

（6）为期□□天的培训学习转眼就要结束了。这次培训时间虽短，但我们感觉收获满满。在即将结业之际，我谨代表□□作一个汇报，谈谈几点感受与体会。

4. 以个人介绍为切入点

我是□□□□□□，现任职于□□□□□□，负责□□□□□□工作。非常荣幸能够作为□□□□□□代表参加本次□□□□□□会，向各位领导汇报□□□□□□培训收获和感悟。

5. 以现场其他情况为切入点

（1）听了前面□□同志的□□发言，□□□□□□，我深受启发。下面我也谈一谈。

（2）前面的交流发言一共□□分钟，充分说明这次培训大家收获很大、体会很深、值得总结的东西非常多。下面□□□□□□。

（二）培训交流表示感谢常用表达

（1）感谢□□□□□□和□□□□□□党校给我们这次学习深造的机会□□□□□□/感恩组织的关心和厚爱。

（2）感谢老师传道和解惑/感谢各位教授不辞辛劳、悉心授课，□□□□□□。

（3）感谢组织人员和党校的教职员工，精心安排学员的生活起居，周到细致地提供保障服务，□□□□□□。

（4）感激同学的相伴和帮助/感谢班上的全体同学，大家一起学习、一起交流，结下了深厚的友谊，尤其要感谢□□□□和□□□□□□，在□□□□□□上做好服务保障工作。

（5）为期□□天的□□培训班在□□□□、□□□□、□□□□的高度重视和亲切关怀下，在□□□□的精心管理和辛勤指导下，今天圆满完成了各项学习任务，取得了良好的预期学习效果。下面□□□□□□。

（三）培训交流介绍培训班特点常用表达

1．内容"全"/形式"活"/师资"强"/管理"严"/站位"高"。

2．高规格/高水平/高密度/高质量。

3．主题集中/内容丰富/课程紧密/内容深刻/特色鲜明/务实管用/形式多样/针对性强。

4．非常解渴/非常解困/非常解惑。

5．起点很高/落点很实/感受很深/启示很大。

6．组织安排好/课程设置好/课堂效果好/时机选得好/形式设计好/培训组织好。

7．课程安排合理紧凑/培训内容丰富多彩/培训形式灵活多样/紧密结合理论热点/专题辅导水平高/案例教学长经验/研讨交流印象深/课程安排非常合理/培训内容新而实/拓展训练形式新颖/过程管理严格/日常管理高要求/课程安排高质量/课外活动高品位。

8．时机好，主题突出/时机准，恰逢其时/形式多，安排科学/形式多样，针对性强/内容实，有的放矢/内容精，紧扣主题/学风正，组织严密。

9．党校环境优美，管理服务周到贴心/课程形式多样，内容广泛涉猎/同学们意气风发、不吝分享/各级领导非常关注、高度重视/学习安排形式多样、科学合理/学员自我要求严格、积极向上/老师理论功底深厚，实践经验丰富/老师的授课语言生动，互动性强。

10．授课不但高屋建瓴，且很接地气/既有理论的高度，又有实操的举措/既有课堂教学，又有现场访学、情景模拟/既有理论高度，又有专业精度、实践深度。

11．共□□理论课程/□□次现场教学/□□次分组讨论。

（四）培训交流理论素养收获常用表达

1．通过学习□□□□□□等方面的经典著作/对□□□□□□理论进行系统讲解/对□□□□□□方略进行全面解读/系统学习了□□□□□□会议精神/全面研究了□□□□□□重大理论与实践问题/通过老师多元化、多维度、多层次的讲课。

2．理论素养进一步提升/理论水平明显提升/理论素养有了新提高/理论基础得到夯实/强化了理论武装/进一步夯实了政治理论基础。

3．进一步感悟了其精神伟力/使我们明确了政治方向/提高了政治鉴别力和政治敏锐性/把握时代脉搏，顺应时代发展要求。

4．明确了□□□□□□等一系列新概念、新部署/全面领悟□□□□□□的丰富内涵，为准确把握发展方向和发展要求奠定了基础/使我们更加清醒地认识到在新的历史起点上，面临的新机遇、新挑战/增强了对发展的紧迫感和责任感。

5．进一步拓宽了我们的视野/激发了我们的思维/深化了我们的思考。

6．对□□□□□□的理解和认识比以往更清晰、更深刻/让我们品味了真理的甘甜/汲取到经典的力量/把握了时代发展的主旋律。

（五）培训交流业务能力收获常用表达

1．工作能力得到大提升。穿插安排了□□□□□□等业务知识培训，让我们开阔了眼界，提高了专业素养。

2．践行能力更加提升。通过一系列互动体验，大家能够很好地将理论结合到实际工作中展开思考、分析问题，□□□□□□。

（六）培训交流政治素质收获常用表达

1．理想信念进一步坚定/理想信念更加坚定/锤炼了党性/党性修养受到洗礼/夯实理想信念的基础/砥砺淬炼对党忠诚的政治品格/铸牢了理想信念的基石。

2．支部开展了主题党日活动和党性分析活动，全班学员到□□

□□□□开展了现场教育。

3. 通过系统学习□□□□□□，对□□□□□□有了更深的感悟，更加深刻地体会到□□□□□□。

4. 深切感受到了原著的经典、思辨的力量、真理的光辉、常青的魅力。

5. 使我们对党的事业有了更加清醒的认识，使我们更加热爱党的事业，努力用党的最新思想和理论武装自己的头脑。

6. 聚焦□□□□□□，深刻理解领会□□□□□□，不断提高□□□□□□，以坚定的理想信念，努力□□□□□□。

7. 提升了党性修养，擦亮了□□□□□□，体现了□□□□□□，更加坚定□□□□□□。

8. 通过党校系统的学习，使我们一些消极的、陈腐的、庸俗的思想意识受到了先进理论的洗涤、指引。

9. 每一次教学、每一次活动，都是一场思想洗礼，都给我们在理想信念上加了油、补了钙，□□□□□□。

（七）培训感情收获常用表达

1. 升华了历久弥新的深情/友谊得到加深。

2. 从陌生到熟悉，从熟悉到相知，结下了深厚纯粹的同志之情、同窗之谊/学习上互促共勉，工作上相互借鉴，生活上关心关爱。

3. 朝夕相处、坦诚相见、守望相助/惺惺相惜，不愿离别/坦诚相见、感人关怀。

4. 思想的碰撞，涅槃出友谊的凤凰/忘记身份，放下身段，汲取养分，探讨交流，碰撞出一个又一个火花。

5. 这一份份师生之情、同学之谊都将成为我们人生中最宝贵的财富。

（八）培训交流计划打算常用表达

1. 行而不辍，未来可期/学海无涯，实干是岸。

2. 雄关漫道真如铁，而今迈步从头越。

3．学习虽然已经结束，但求知永无止境。

4．相聚终有分手时，但记忆将化作永恒。

5．学习有归期，践行无穷日。

6．昨天我们"因学而聚"，今天我们"因行而散"。

7．天下无不散之筵席，但聚不是开始，散也不是结束。

8．党校就是你们人生旅途的"加油站"，就是你们前进路上的"助推器"。

9．让我们继续沿着□□□□□□足迹，在正道上行进。

10．我们回到各自的工作岗位上，仍时时回忆在党校一起度过的日子，□□□□□□，努力把学习成果转化为具体工作的生动实践。

11．将把本次培训的所思所获所感内化于心、外化于行、学以致用。

12．进一步更新观念、振奋精神，以更加坚定的信心、更加高昂的热情、更加饱满的精神投入工作中。

13．给我们加了油、充了电，将激励我们更好地前行。

14．激励我们重整行装再出发，为开创□□□□□新局面作出自己应有的贡献/在各自的岗位上取得新的、更大的成绩。

（九）培训交流祝福常用表达

1．祝各位同学家庭幸福，事业有成。

2．祝大家工作顺利、身体健康，永远记住这份同学情谊，聚为一团火，散是满天星。

3．祝各位同学奋发有为、行稳致远、未来可期！

4．祝各位老师工作顺利，身体健康。

5．衷心祝愿□□□□□□越办越好、英才辈出/蒸蒸日上，越办越好！

（十）交流讨论常用表达

1．内心总体感受

备受鼓舞/备感振奋/令人鼓舞/催人奋进/感染心灵/滋润心灵/润

物无声。

2. 内容评价

拼音 B 开头：博大精深/饱含深情；

拼音 C 开头：出新出彩；

拼音 F 开头：丰富深邃；

拼音 G 开头：高瞻远瞩/高远深邃/光辉篇章；

拼音 H 开头：好学易懂；

拼音 J 开头：紧扣主题/精彩纷呈/举旗定向/极具震撼力、穿透力、感召力、凝聚力、向心力；

拼音 K 开头：铿锵有声；

拼音 L 开头：立意高远/论述深刻/论述精辟/理论飞跃；

拼音 N 开头：内容恢弘/内容丰富/内涵丰富；

拼音 Q 开头：气贯长虹/继往开来/气度恢弘/气势磅礴/气场强劲/气象万千；

拼音 S 开头：视野宏阔/视野宽广/视野开阔/思想深刻/深邃精辟/思想灯塔/时代宣言；

拼音 W 开头：务实管用/文风朴实/文字激扬；

拼音 X 开头：行动纲领/幸福指南；

拼音 Y 开头：意蕴深厚/引领方向/言约旨深/引经据典；

拼音 Z 开头：主题鲜明/重点突出/字字千钧/指路领航/指路立碑。

3. 成效评价

提纲挈领/客观全面/有血有肉/实事求是/可圈可点/可赞可颂/令人鼓舞。

4. 经验评价

深刻凝练/清晰透彻/站位很高/有理有据。

5. 问题评价

直言不讳/直击要害/直指病灶/直面痛点/紧盯热点/深挖堵点/触及灵魂/让人清醒。

6. 部署评价

拼音 B 开头：标明路径/擘画新局/擘画愿景/把握历史规律/部署重大任务；

拼音 C 开头：催人奋进；

拼音 D 开头：打开历史视野；

拼音 F 开头：富有时代特色；

拼音 G 开头：给人信心/勾勒新路径；

拼音 H 开头：绘就新蓝图/回答时代之问/回应群众期待/唤起奋斗激情；

拼音 J 开头：解答时代命题；

拼音 K 开头：科学务实/开启征程/开启新征程/开启新纪元/开创新未来；

拼音 L 开头：令人憧憬；

拼音 M 开头：明确具体/谋划新格局/明确未来方向/谋划重大战略/明确主攻方向；

拼音 N 开头：凝聚时代智慧；

拼音 P 开头：铺展新画卷/培育新动能；

拼音 S 开头：深化认识/顺应时代要求；

拼音 W 开头：务实进取；

拼音 X 开头：续写新篇章；

拼音 Y 开头：要求具体/引发强烈共鸣；

拼音 Z 开头：准确有力/注入新动力/准确把握大势/着眼长远发展/展现时代担当/抓住时间节点/制定重大政策/针对现实问题/抓住问题要害/直击问题关键/聚焦重点难点。

7. "给人以"常用表达

信仰的感召/方向的指引/进取的力量/必胜的信心。

8. 表态

拼音 B 开头：秉承初心/不忘初心/不辱使命/不负重托/不留死角/

摆在首位；

拼音 C 开头：赤诚不改/乘梦前行/吹糠见米/常抓不懈/持之以恒；

拼音 D 开头：鼎力支持/多措并举强保障/多元供给提服务；

拼音 F 开头：翻篇归零再出发；

拼音 G 开头：敢为人先抓发展；

拼音 H 开头：横向到边；

拼音 J 开头：积极参与/尽锐出战/精准落实/久久为功/坚定信心不动摇/尽心竭力办实事；

拼音 K 开头：恪尽职守；

拼音 L 开头：立说立行/撸起袖子/撸袖实干/落在细上/落在小上/落在实上/撸起袖子加油干/拉高标杆争进位；

拼音 M 开头：埋头真抓/绵绵用力/迈开步子加快赶；

拼音 N 开头：内育外引共发力；

拼音 P 开头：扑下身子/扑下身子抓落实；

拼音 Q 开头：全心支持/抢先抓早/强化落实/全力以赴抓项目；

拼音 R 开头：入脑入心；

拼音 S 开头：深刻理解/实绩惠民/深化落实/善作善成/上下联动齐推进；

拼音 T 开头：听令即行/推动落实/蹄疾步稳求创新；

拼音 W 开头：闻令而行/务实重干/务实笃行；

拼音 X 开头：系统领会；

拼音 Y 开头：一抓到底/严在日常/一以贯之/咬定目标不放松/因地制宜兴产业/优化布局育基地；

拼音 Z 开头：准确把握/衷心拥护/作为关键/真践实履/真抓实干/重点落实/抓在日常/纵向到底。

第三节 老秘心得

在党校培训班尤其是党校结业培训时的发言，由于接受对象主要是一批与自己能力水平大体相当的群体，若想要出彩，必须花一番气力。最重要的是"见人所未见，发人所未发"。发言效果主要取决于以下几个方面：

一是切入要准。发言的开头一定要先声夺人，引起大家的兴趣来聆听你的发言。

二是结构清晰。因为发言时间一般不会很长，所以一定要主题突出，结构简明。主题要在前面精准提出，结构上切记嵌套，让人很容易就把握到你的文章主题和结构层次。

三是思考要深。要言之有物、言之有理。当然这离不开培训时认真听课，也离不开课后注重积累，做到腹有诗书气自华。最好有一些自己独到的见解，不要拾人牙慧。

第二十五章　挂职锻炼心得体会

第一节　共性模板

模板 1

挂职锻炼工作心得体会
□□□□□　□□□（注：职务和姓名）
（□□□□年□□月□□日）

根据组织安排，本人于□□□□年□□月从□□□□□岗位赴□□□□□挂职锻炼，任职□□□□□，主要负责□□□□□。（**注**：介绍挂职缘由及负责内容，相关表述可借鉴本章"常见套件及高频词句"）□□□□□□□□□□□□□□□□。（**注**：高度概括挂职收获，相关表述可借鉴本章"常见套件及高频词句"）现将具体情况总结如下/主要心得体会如下：

一、工作完成情况/工作成绩

（一）□□□□□□□□□□。

（二）□□□□□□□□□□。

（三）□□□□□□□□□□。

……

二、个人收获

（一）□□□□□□□□□□。

（二）□□□□□□□□□□。

（三）□□□□□□□□□□。

（注：相关表述可借鉴本章"常见套件及高频词句"）

三、几点体会

（一）□□□□□□□□□□□。

（二）□□□□□□□□□□□。

（三）□□□□□□□□□□□。

（注：个人收获和体会可以写到一处，相关表述可借鉴本章"常见套件及高频词句"）

四、关于□□□□□□思考和建议

（一）□□□□□□□□□□□。

（二）□□□□□□□□□□□。

（三）□□□□□□□□□□□。

（注：可省略）

五、今后努力方向

进一步增强□□□□□□，担负□□□□□□。

进一步增强□□□□□□，争当□□□□□□。

进一步增强□□□□□□，完善□□□□□□。

（注：可省略）

模板 2

挂职锻炼工作心得体会

□□□□□□　□□□（注：职务和姓名）

（□□□□年□□月□□日）

□□□□年□□月，受□□□□□□指派，我到□□□□□□挂职□□□□□□，主要负责□□□□□□。现将心得体会汇报如下：

一、□□□□□□□□□□□。（注：比如，在思想认识上，端正态度，珍惜机会）□□□□□□□□□□□□□□□，□□□□□□□□□□□。

二、□□□□□□□□□□□。（注：比如，在了解情况上，扑下身子，深入调研）□□□□□□□□□□，□□□□□□□□□□□。

三、□□□□□□□□□□□。（注：比如，在实际工作上，尽职尽责，务求实效）□□□□□□□□□□，□□□□□□□□□□□。

......

四、□□□□□□□□□□□。（注：几点收获和体会）

（一）□□□□□□□□□□□。

（二）□□□□□□□□□□□。

（三）□□□□□□□□□□□。

......

模板 3

挂职锻炼工作心得体会

□□□□□□　□□□（注：职务和姓名）

（□□□□年□□月□□日）

根据组织安排，我到□□□□□□挂职□□年。现将主要情况汇报如下：

一、□□□□□□□□□□□。

二、□□□□□□□□□□□。

三、□□□□□□□□□□□。

（注：这种体例直接分几部分，将工作情况和心得体会概括为几点）

第二节　常见套件及高频词句

（一）挂职由来常用表达

1. 受组织的安排，我于□□□□年□□月至□□月赴□□□□

□□挂任□□□□□□，进行了为期□□年的挂职学习。

2. 本人从□□□□□□岗位上赴□□□□□□机关挂职锻炼，任□□□□□□。

3. □□□□年□□月，根据组织安排，我很荣幸地得到赴□□□□□□挂职□□□□□□锻炼的机会。

4. □□□□年□□月，我有幸作为□□□□□□派驻□□□□□□挂职锻炼干部的一员，来到□□□□□□挂职□□□□□□，开始了为期□□年的挂职工作/投身□□□□□□工作中。

（二）感悟挂职锻炼意义常用表达

1. 挂职锻炼是加强干部队伍建设的一项有效举措。

2. 挂职过程既是对个人综合素质、工作能力的检验，也是拓展视野、增长本领、积累经验、收获友谊的难得机会。

3. 挂职锻炼是机关干部深入基层、了解实情、接地气的重要方式。

4. 挂职锻炼经历，不但提高了能力水平、丰富了阅历经验，更加难能可贵的是收获了宝贵的工作友谊。

5. 挂职锻炼是组织的一份关怀、一种培养，也是自我锤炼、自我反省、自我完善的难得机遇。

6. 到□□挂职是一次学业务、长见识、强本领的难得良机。

7. 挂职锻炼是接地气、增才气、长志气、展灵气、聚人气的机会。

8. 到□□□□□□挂职，深入基层工作学习，对我个人是一个非常难得的锻炼和洗礼的机会，也深感为□□□□□□振兴发展的神圣使命和重大责任。

9. 被组织委派到□□□□□□挂职□□□□□□后，我深感责任重大，这不仅是组织对我的信任，也是组织对我的一次考验。

（三）高度概括挂职锻炼经历常用表达

1. 挂职以来，在□□□□□□正确领导下，在□□□□□□大力支持下，充分发挥团队协作能力，积极创新工作方法，尽心尽力，脚踏实地，□□□□□工作取得一定成效。

2．挂职期间，得到□□□□□等各位领导的认真指导、关心，得到了□□□□□领导的大力关怀与倾情帮助，顺利完成了各项目标，达到了挂职锻炼的目的。

3．我十分珍惜和重视这次难得的锻炼机会，并深刻认识到自己所肩负的职责。

4．始终坚持严于律己、虚心学习、扎实工作。

5．摆正位置注重团结，密切配合主动工作。

6．端正思想、虚心学习、扎实工作。

7．珍惜机遇，认真履职，积极主动融入□□□□□经济社会发展。

8．快速融入地方党委班子，积极下沉一线，主动思考、踏实工作、遵纪守法。

9．充分发挥团队协作能力，积极创新工作方法，尽心尽力，脚踏实地。

10．开阔视野、增强才干、提升本领/虚心学习，提升自我/广交朋友，推进合作/严于律己，塑好形象。

11．为□□□□□建设贡献绵薄之力，自身在思维方式、工作能力等方面都得到不同程度的锻炼。

12．提高了我的能力水平，丰富了我的阅历经验，收获了宝贵的工作友谊。

13．经过努力，达到了解放思想、提高能力、锻炼成长的目的。

14．度过了内容充实、感受丰富、受益匪浅的一年。

15．在政治理论素质、基层工作经验、业务工作能力等方面得到了较大的锻炼和提升。

（四）个人收获与体会常用表达

1．个人收获

（1）增长了见识/加深了认识/开阔了视野/丰富了阅历/优化了习

惯/锤炼了作风/提高了能力/建立了友谊/增强了政策意识/增强了党性意识/强化了发展意识/强化了学习意识/强化了创新意识/强化了纪律意识/强化了团队意识。

（2）自身综合素质不断提高/个人工作思路积极转变/个人意志得到磨炼/个人修养得到提升。

（3）对□□□□□□的认识更加深刻/对□□□□□□工作更加了解熟悉。

（4）提升了基层实践能力/提升了统筹协调能力/提升了干事创业能力。

2．个人体会

（1）挂职锻炼时，一个人远离家人、朋友、同事及熟悉的工作、生活环境，对个人的意志、耐力、协调力、适应新环境的能力、开展工作的能力等都是很大的考验和锻炼。

（2）到基层挂职锻炼，从□□□□□□到基层□□□□□□领导、财政、税收、土地、信访等各方面工作都会涉及，所接触的工作内容、工作性质都有很大不同，思考问题、处理问题的方式也会有很大不同。

（3）通过挂职锻炼，每天接触到具体操作层面的工作，真正了解实情，了解问题的症结和基层的实际需求。

（4）基层干部压力大/基层部门责任大/基层工作矛盾多/人民群众期盼高。

（五）锻炼作风常用表达

1．做事不做客，自律不特殊。

2．挂职不是镀金，不是享受，而是学习，更是锻炼。

3．帮忙而不添乱，到位而不越位。

4．不要高高在上，要主动交流。

5．生活中，严守生活纪律，不提过分要求，尽量不给县里增加额外负担。

6．要"吃得了亏"，但也不要当"软柿子"。

7．要清正廉洁，守住美誉。

8．注重修身养德，坚持秉公用权，始终严于律己。

9．做到"项目之事不插手""利益之事不介入"，清心寡欲，无欲则刚。

10．严格执行领导干部廉洁自律的有关规定，不利用党和人民赋予的权力，为自己、为家属、为亲友谋取任何私利。

11．坚持个人重大事项向组织报告，不接受下属单位和干部职工的红包礼金。

12．时刻提醒自己、约束自己，做到"自重、自醒、自警"。

第二十六章　述职报告

第一节　共性模板

模板 1

述职报告

□□□□□□　□□□（注：职务和姓名）
（□□□□年□□月□□日）

□□□□□□：

　　□□□□年□□月，□□□□□□任命我为□□□□□□。主要职责是：□□□□□□□□□□□□□□□□。按照□□□□□□要求，就本人任现职以来履行职务的情况进行述职，请予评议。

　　任职以来，在□□□□□□的正确领导下，在□□□□□□的关心、支持和监督下，我坚持立足□□□□□□职能，□□□□□□□□□□□，促进□□□□□□□□□□□□良好发展。□□□□年先后获得□□□□□□、□□□□□□。

　　一、□□□□□□。□□□□□□□□□□□□□□。（注：比如，理论学习情况，相关表述可借鉴本章"常见套件及高频词句"）

　　二、□□□□□□。□□□□□□□□□□□□□□。（注：比如，岗位履职情况，相关表述可借鉴本章"常见套件及高频词句"）

　　三、□□□□□□。□□□□□□□□□□□□□□。（注：比如，廉洁自律情况，相关表述可借鉴本章"常见套件及高频词句"）

　　四、□□□□□□。□□□□□□□□□□□□□□。（注：比如，

抓班子带队伍情况,这部分主要针对单位和部门主要负责人,可省略)

……

□□□□□□。□□□□□□□□□□□□□。(注:个人存在的主要问题,相关表述可借鉴本章"常见套件及高频词句")

□□□□□□。□□□□□□□□□□□□□。(注:下步工作打算,相关表述可借鉴本章"常见套件及高频词句")

以上述职,请予评议。(注:相关表述可借鉴本章"常见套件及高频词句")

模板 2

述职报告

□□□□□□ □□□(注:职务和姓名)

(□□□□年□□月□□日)

□□□□□□:

□□□□□□□□□□□□□□□□□,□□□□□□□□□□□□□□□□。现将具体情况述职如下:

一、职责任务完成情况

(一)□□□□□□。□□□□□□□□□□□□□。(注:比如,理论学习情况)

(二)□□□□□□。□□□□□□□□□□□□□。(注:比如,岗位履职情况)

(三)□□□□□□。□□□□□□□□□□□□□。(注:比如,廉洁自律情况)

……

二、存在的问题

□□□□□□□□□□□□□。

三、下一步工作打算

□□□□□□□□□□□。

以上述职，请予评议。

第二节 常见套件及高频词句

（一）标题常用表达

述职报告的标题，常见写法有三种：一是只写"述职报告"。二是"姓名+事由+文种名称"，如"□□□□□□任□□□□□述职报告"。三是正副题配合，如"□□□□□□□□□□——□□□□□□□□□□的述职报告"。

（二）帽段常用表达

1. 根据《□□□□□□□□□□□通知》要求，现就□□□□□□工作情况向各位领导和同志们作如下述职，请予评议。本人主要职责是：□□□□□□□□□□□□□□□□……

2. □□□□年□□月，□□□□□□任命我为□□□□□□/交流到□□□□□□担任□□□。主要职责是：□□□□□□□□□□□□□□□□。按照□□□□□□要求，就本人任现职以来履行职务的情况进行述职，请予评议。

3. □□□□年以来，在□□□□□□的监督支持下，本人认真学习□□□□□□，深入贯彻落实□□□□□□，紧紧围绕□□□□□□、□□□□□□等活动部署要求，□□□□□□□□□□□□□□□，取得了□□□□□□、□□□□□□、□□□□□□等成绩。现将□□□□□履职情况报告如下。

（三）加强学习常用表达

1.学而信/学而用/学而行/铭于心/融于魂/践于行/知行合一/以知促行/以行求知/敏于求知/勤于学习/静心沉潜/目标专一/内正其心/外正其行/学以修身/学以增智/学以提能/学以致用/入脑入心/学思践悟/融入血液/铸入灵魂/勤学不倦/学在深处/谋在新处/干在实处/自我修

炼/正心明道/广接地气/历练成熟/摔打磨砺。

2. 积极努力学习，不断□□□□□工作落实。

3. 加强理论学习，转变思维方式，不断提升履职能力。

4. 用科学的理论武装头脑、指导实践、推动工作。

5. 注重学习，不断提升履职能力。

6. 强基固本，深入学习抓好理论武装。

7. 坚持集中学习/个人自学/领导带头学习。

8. 制定坚持□□□□□学习制度/鼓励干部参加在职在岗继续学习。

9. 既包含理论学习，又有业务学习，□□□□□。

10. 坚持干什么学什么、缺什么补什么、做什么钻什么，有针对性地弥补精神软肋、知识弱项、能力短板、经验盲区，努力使自己真正成为专门家、主攻手。

（四）履职尽责常用表达

1. 依法履行职务，推进□□□□□工作全面发展。

2. 认真履行工作职责，努力提高□□□□□工作水平。

3. 履职尽责，强力推进重点工作落实。

4. 主动作为，积极履行□□□□□职责。

5. 求真务实，统筹推进各项重点工作。

6. 认真履行岗位职责，努力争做一名求真务实的领头人。

7. 认真履行岗位职责，圆满完成本职工作。

（五）廉洁自律常用表达

1. 狠抓勤政廉政建设，大力加强反腐倡廉。

2. 老老实实做人，踏踏实实做事。

3. 始终严格自律，注重人格修养。

（六）存在个人问题常用表达

1. 思想理论

认识水平有待提高/创新意识有待加强/思想还不够解放/理论学习上存在泛和浅的现象/学习上不够主动，对重要原理缺乏深刻理解与掌握/艰苦创业、奋发进取的精神有所懈怠/存在条条框框多，策略的灵活性不够。

2. 调查研究

深入基层了解民意民情不够/作风还不够扎实/深入基层沉下身子蹲点调研、解剖"麻雀"还不够。

3. 具体工作

从整体上把握不够/工作的预见性不强/处理事情简单化/落实制度力度不够/有流于形式的地方/工作的前瞻性、谋划性不够/应对工作中出现的新问题采取的新举措不多/在破解制约发展的瓶颈问题上，手段和办法不够活、不够新/耽于事务、业务多，超脱性思考问题还不够/方法简单，遇到困难强调客观原因多。

4. 带领队伍

充分发挥全体干部的积极性不够/自身综合素质和领导艺术与水平还有待增强提高/总揽全局、凝聚合力不够/过于强调各负其责、分兵把口，客观上影响了班子的整体合力。

（七）结尾套件常用表达

以上报告，敬请领导和同志们评议/以上述职，请予评议/以上报告，请批评指正/述职至此，谢谢大家/专此报告，请审阅/以上报告，请审阅/以上报告，请审查/特此报告，请审查。

第三节 老秘心得

述职报告是一种重要的应用文体，既能充分反映出自己在任期内的工作实绩和问题，也是组织对述职者进行考察的重要依据。按照工作内容划分，述职报告可分为综合性述职报告、专题性述职报告和单项工作述职报告。按照时间划分，可分为任期述职报告、年度述职报告和临时性述职报告。把上述述职报告写出彩，对每一个机关干部来讲其重要性和必要性是不言而喻的。但是在实际机关工作中，很多人尤其是年轻干部对于对述职报告的重视程度还不够，尤其是在公开场合述职时甚至会犯一些低级错误。下面结合自身理解和工作实践，简单同大家交流一下要注意的几个关键问题。

（一）紧盯着"我"

有些同志用自己的工作总结代替述职报告，其实是不对的。两者角度不一致，述职报告是以"我"为中心组织材料，材料中应处处有个"我"在。当然，每个人的工作难免会涉及方方面面，但都要从"我"的角度论述，对他人略说、对自己详说，主要说明自己在某项工作中处于什么地位，都做了什么工作。

（二）围绕着"责"

通常个人述职是为了接受组织和领导评议，也就是考核你是否称职。既然是要"评"，那就要牵涉标准问题，这个标准就是你的岗位职责。所以说，在述职报告中往往需要开篇明义，让受众知道你应该干什么，即你的岗位职责是什么；具体干了什么，即实际工作量有多少；有哪些差距，即你的实际工作是否满足岗位职责需要。所以在这里还是要反复跟大家强调，要以简洁的文字说明所担负的职责，以供别人正确评议。

（三）关键在"实"

述职报告既要坚持实事求是，客观反映问题和成绩，也要突出重点，不能写成"流水账"。

（四）不避讳"缺"

这里所说"缺"，就是不足和问题。这在述职报告中是一定要有的，但很多人往往只谈成绩不谈问题。这是述职报告的硬伤，反映述职人不能一分为二地认识问题。另外，问题要找准说透，不能蜻蜓点水，也不能夸大其词，一定要客观真实。

（五）尽量要"全"

虽然述职报告这种文体尚无权威统一的格式要求，但在实际应用中有几项内容还是必须有的，比如理论学习情况、岗位履职情况、廉洁自律情况、存在不足问题等。要将德、能、勤、绩、廉融进去。

第二十七章　活动致辞

第一节　共性模板

在□□□□□上的致辞

□□□□□□　□□□（**注**：职务和姓名）

（□□□□年□□月□□日）

尊敬的各位□□□、各位□□□（**注**：具体查看参会人员，比如可填领导、专家等）、各位来宾，女士们、先生们，朋友们：（**注**：嫌啰嗦，也可用"尊敬的各位来宾、各位朋友"一并概括）

　　大家□午好！□□□□□□□□□，□□□□□□□□□□□。（**注**：结合时节、地点、历史、人文等，选用或概括应时应景的两个词语、诗句。详见本章"常见套件及高频词句"）今天，我们□□□□□□□□□，□□□□□□□□□□。（**注**：简要交代活动任务目的）首先，我谨代表□□□□□□□□□□，向□□□□□□□□□的到来表示热烈欢迎！向□□□□□□□□□长期以来对□□□□□□□的关注和支持表示衷心感谢！

　　□□。（**注**：或者简要概括活动历史沿革，或者简要概括本地近年相关情况）借此机会，我就□□□□□□□提几点□□。（**注**：或者希望，或者建议，或者倡议，等等）

　　一、□□□□□□□□□。□□□□□□□□□□□□。
　　二、□□□□□□□□□。□□□□□□□□□□□□。

三、□□□□□□□□□。□□□□□□□□□□。

四、□□□□□□□□□。□□□□□□□□□□。

各位嘉宾，各位朋友！（注：也可选用或概括对仗词句）希望□□□□□□□□□□□□□□□□□□□□□□。（注：同受众互动，或者进一步发出号召，或者作出邀请。详见本章"常见套件及高频词句"）

最后，衷心祝愿本次□□□□□□取得圆满成功！祝各位□□□□□、□□□□□□身体健康、工作顺利、事业兴旺！（注：祝福类词语详见本章常见套件及高频词句）

谢谢大家！

第二节 常见套件及高频词句

（一）开篇对仗词句常用表达

1. 适用于春季的词句

（1）杨柳青青/春和景明/草木蔓发/万物勃发/春山可望/春风拂面/暖意融融。

（2）神州春潮起，奋进正当时。

（3）人间四月天，□□美如画。

（4）日月开新元，天地又归春。

（5）胜景随春至，佳绩创新来。

（6）天地春晖近，日月开新元。

（7）律回春渐近，新元正肇启。

（8）云霞吐海曙，洪钟唱新春。

（9）春雨生万象，东风渡岁来。

（10）人勤春来早+奋进正当时/实干正当时/攻坚再出发/万事日相催/再登百步楼/功到秋华实/奋斗丰收年/奋蹄赶秋实/节后奔四方/脱贫致富忙/春耕备耕忙/大棚育苗忙/村民上班忙/瓜农种植忙。

（11）沙场百战袍未解，征途万里再启程。

（12）雪舞金山辞旧岁，天仪再始开新元。

（13）一元复始开新宇，万象更新谱新篇。

2. 适用于夏季的词句

（1）百花竞放/生机盎然/风和日丽/海碧山青/青山萦翠/碧海流云/红瓦绿树/碧海青山。

（2）晴日暖风生麦气，绿阴幽草胜花时。（摘自王安石《初夏即事》）

（3）四月清和雨乍晴，南山当户转分明。（摘自司马光《客中初夏》）

（4）泉眼无声惜细流，树荫照水爱晴柔。（摘自杨万里《小池》）

（5）接天莲叶无穷碧，映日荷花别样红。（摘自杨万里《晓出净慈寺送林子方》）

（6）黄梅时节家家雨，青草池塘处处蛙。（摘自赵师秀《约客》）

（7）镜湖三百里，菡萏发荷花。（摘自李白《子夜吴歌·夏歌》）

（8）荷叶罗裙一色裁，芙蓉向脸两边开。（摘自王昌龄《采莲曲》）

（9）水光潋滟晴方好，山色空濛雨亦奇。（摘自苏轼《饮湖上初晴后雨》）

（10）漠漠水田飞白鹭，阴阴夏木啭黄鹂。（摘自王维《积雨辋川庄作》）

3. 适用于秋季的词句

（1）杏黄果熟/暑威尽退/金风送爽/稻菽飘香/瓜果飘香/丹桂飘香/蟹肥菊黄/红叶似火/稻谷满仓/流金遍野/硕果压枝/艳阳高照/天水一色/天高云淡/天阔云舒/秋意渐浓/海风渐冷/橙黄橘绿。

（2）金黄稻谷千层浪，累累瓜果十里香。（摘自《人民日报》2021年9月24日）

（3）山明水净夜来霜，数树深红出浅黄。（摘自刘禹锡《秋词》）

（4）江城如画里，山晓望晴空。（摘自李白《秋登宣城谢朓北楼》）

（5）一年好景君需记，最是橙黄橘绿时。（摘自苏轼《赠刘景文》）

（6）独占三秋压众芳，何须橘绿与橙黄。（摘自吕声之《咏桂花》）

（7）断虹霁雨，净秋空，山染修眉新绿。（摘自黄庭坚《念奴娇·断虹霁雨》）

（8）清溪流过碧山头，空水澄鲜一色秋。（摘自朱熹《秋月》）

（9）碧云天，黄叶地，秋色连波，波上寒烟翠。（摘自范仲淹《苏幕遮·怀旧》）

（10）空山新雨后，天气晚来秋。（摘自王维《山居秋暝》）

（11）江水漾西风，江花脱晚红。（摘自王安石《江上》）

（12）秋期如约不须催，雨脚风声两快哉。（摘自范成大《秋前风雨顿凉》）

（13）秋容浩荡夕云高，旻宇萧然绝一毫。（摘自王珪《秋雨》）

（14）一雨已秋深，月色寒而静。（摘自韩淲《卜算子·中秋前一日和昌甫所寄》）

（15）秋风湖上萧萧雨。使君欲去还留住。（摘自苏轼《菩萨蛮·西湖》）

（16）夜云起河汉，朝雨洒高林。（摘自刘禹锡《早秋雨后寄乐天》）

（17）雨后风凉暑气收，庭梧叶叶报初秋。（摘自朱淑真《初秋雨晴》）

（18）一雨岂遽凉，凉亦自此始。（摘自陆游《秋雨》）

（19）人闲桂花落，夜静春山空。（摘自王维《鸟鸣涧》）

（20）玉颗珊珊下月轮，殿前拾得露华新。（摘自皮日休《天竺寺八月十五日夜桂子》）

（21）桂子月中落，天香云外飘。（摘自宋之问《灵隐寺》）

（22）风流直欲占秋光，叶底深藏粟蕊黄。［摘自洪适《次韵蔡瞻明木犀八绝句（其三）》］

（23）秋入幽岩桂影团，香深粟粟照林丹。（摘自曹勋《谢赐丹桂》）

（24）飞轩下瞰芙蓉渚，槛外幽花月中吐。（摘自顾瑛《玉山亭馆分题得金粟影》）

（25）桂花枝上秋光，翠云影里疏黄。（摘自周权《清平乐》）

（26）桂花留晚色，帘影淡秋光。（摘自倪瓒《桂花》）

（27）宝树林中碧玉凉，秋风又送木樨黄。（摘自杨升庵《桂林一枝》）

（28）微云澹澹碧天空，丛桂香生细细风。（摘自沈之琰《西湖》）
（29）滴滴研朱染素秋，轻黄淡白总含羞。（摘自瞿佑《桂花·仙友》）
（30）芳菊开林耀，青松冠岩列。[摘自陶渊明《和郭主簿（其二）》]
（31）暗暗淡淡紫，融融冶冶黄。（摘自李商隐《菊花》）
（32）秋菊有佳色，裛露掇其英。[摘自陶渊明《饮酒二十首（其七）》]
（33）一树木犀供夜雨，清香移在菊花枝。（摘自赵师秀《池上》）
（34）耐寒唯有东篱菊，金粟初开晓更清。（摘自白居易《咏菊》）
（35）荷尽已无擎雨盖，菊残犹有傲霜枝。（摘自苏轼《赠刘景文》）
（36）涧松寒转直，山菊秋自香。（摘自王绩《赠李征君大寿》）
（37）霜剪凉阶蕙，风捎幽渚荷。（摘自魏徵《暮秋言怀》）
（38）秋山复秋水，秋花红未已。（摘自顾炎武《秋山二首》）

4. 适用于冬季的词句

冬日暖阳/银装素裹/粉妆玉砌/玉树琼浆/寒意正浓。

5. 关于历史、人文、风景的共性词句

（1）物华天宝/钟灵毓秀/山水秀美/历史悠久/群贤荟萃/胜友如云/美轮美奂/如诗如画/风景如画/人文荟萃/底蕴深厚。

（2）山水常如画/美景迎高朋！

以上五类词句，还可以同活动任务、目的结合在一起表述。比如，"在这□□□□□、□□□□□的美好时节，很高兴同大家相聚'云端'、相约□□□□□，共同参加□□□□□。"

（二）互动邀请词句常用表达

1. "共"字类

共叙桑梓情谊/共商发展大计/共谋合作新篇/共绘兴业愿景/共拓合作空间/共享发展机遇/共创美好未来/共同见证精彩。

使用公式： 我们诚邀大家来□□□□□+"共"字类词句。

常用搭配词句：

把□□□□□作为投资创业/投资兴业/研发创新/观光休闲/开坛讲学/兴办公益/□□□□□的重要基地/重要平台。

当好发展□□□□□的主力/建言□□□□□的诤友/推介□□□□□的大使。

2. 家乡类

时刻关注家乡发展/经常回家乡看看/深度参与家乡建设/倾力造福桑梓故里/用心讲好家乡故事/积极宣传推介家乡/广泛传播家乡声音。

使用公式： 希望大家+家乡类词句。（注：用地名代替"家乡"更佳）

常用配搭语句：

今日之□□□□□，活力无限、潜力无限、商机无限；此时来□□□□□□投资兴业，正当其时、恰逢其势、适得其所！

无论你走多远、走多久，家乡永远祝福你、期盼你、欢迎你！

把思乡之情化作助乡之力，让更多人关注□□□□□、了解□□□□□、走进□□□□□、建设□□□□□。

让我们勠力同心、携手并肩，一起开创□□□□□更加美好的明天！

（三）末尾祝福类词语常用表达

心情愉快/身体健康/生活幸福/工作顺利/事业兴旺/阖家幸福/万事如意。

第三节 实战步骤

（一）磨刀子

接到相关文稿任务后，迅速启动磨刀程序，广泛搜集汇总素材。需重点搜集的材料包括：往届此项活动领导致辞，近期相关活动领导最新致辞，兄弟地区、兄弟部门近期亮点致辞，地域最新基本情况（可从最近工作总结、汇报、讲话获得），相关工作最新理论文章、领导论述，应时应景亮点词句，区域历史人文典故。

（二）定盘子

逐字逐句认真研读活动通知、活动方案，把活动开展的背景因由、主题内容、流程步骤、参加人员等涉及有关工作的上情下情内情外情前情后情彻底搞清楚。如果领导对致辞写法有明确指示要求，将其中一些核心观点直接融入框架标题中，在不折不扣体现其要求的前提下，进行创造性呈现。如果领导没有具体要求，迅速查其相关致辞、讲话、批示指示、工作信息，在文稿体例、风格等"形式"和工作思路、要求等"内容"上贴近领导。

（三）搭架子

致辞稿的框架主要是文中的提希望、建议、倡议、号召部分。总体上看，主要有三种思路可供借鉴：

一是区域推介型，即借活动召开的契机，以推介本区域情况为致辞框架搭建的思路遵循。比如，如下三组提纲：

① 今天的济南生态环境"颜值蝶变、越来越好"，是舒适怡人的休闲宜居地。

② 今天的济南综合实力"大幅跃升、实现跨越"，是落子布局的最佳首选地。

③ 今天的济南资源要素"高端富集、充分涌流"，是创新创富的梦想成就地。

④ 今天的济南营商环境"对标国际、持续优化"，是投资兴业的优先集聚地。

⑤ 今天的济南发展前景"机遇叠加、潜力无限"，是合作共赢的理想实现地。

（摘自济南日报《在第四届中国企业论坛开幕式上的致辞》）

① 让我们相约多彩贵州，在醉享一夏清凉中爽身。
② 让我们相约多彩贵州，在醉享清纯氧气中爽肺。
③ 让我们相约多彩贵州，在醉享山高水长中爽眼。
④ 让我们相约多彩贵州，在醉享红色文化中爽心。
⑤ 让我们相约多彩贵州，在醉享乡愁时光中爽魂。

⑥ 让我们相约多彩贵州，在醉享户外天堂中爽体。

⑦ 让我们相约多彩贵州，在醉享百节之乡中爽意。

⑧ 让我们相约多彩贵州，在醉享美食鲜香中爽口。

（摘自天眼新闻《在"多彩贵州·度假康养胜地"2021年主题旅游推介会上的推介》）

① 各位老乡，各位朋友，潍坊"海岱绵延、潍水奔腾"，抒写着地理人文丰厚华美的精彩篇章，欢迎您浅斟细酌！

② 各位老乡，各位朋友，潍坊"活力迸发、动力澎湃"，激荡着改革创新提速发展的动人旋律，感谢您勠力同行！

③ 各位老乡，各位朋友，潍坊"优势突出、大有可为"，蕴藏着转型跨越进位突破的无限潜力，期待您合作共赢！

④ 各位老乡、各位朋友，潍坊"蓄势劲发、春山可望"，释放着城市发展未来可期的蓬勃魅力，诚邀您共建同享！

⑤ 各位老乡，各位朋友，潍坊"筑巢引凤、逐梦未来"，共襄乡情延续永不落幕的发展盛举，期待您再建功勋！

（摘自潍坊日报社融媒体中心《在第二届潍坊发展大会上的主旨演讲》）

二是工作观点型，即紧紧围绕会议活动主题，以工作希望、建议、倡议、感想、体会等为致辞框架搭建的思路遵循。具体选择哪个角度，建议视活动主要参加人员而定。

一般而言，对服务对象和下属区域、部门，可用"希望"等。比如，如下一组提纲：

① 要坚定"而今迈步从头越"的信心，在突出党的创新理论传播中敲响网上宣传定音鼓。

② 要砥砺"一枝一叶总关情"的初心，在坚守人民立场中唱响网上宣传主旋律。

③ 要淬炼"天工人巧日争新"的匠心，在紧跟时代节拍中奏响网上宣传最强音。

（摘自网信中国微信公众号《在"铿锵奋进的脚步 续写春天的故事"网络主题宣传启动仪式上的致辞》）

对不相隶属的兄弟地区、部门，可用"感想""体会""建议""倡议"等，或者直接阐述观点。比如，如下一组提纲：

① 超越与共生需要不凡胆识。
② 超越与共生需要仁爱之心。
③ 超越与共生需要责任担当。
④ 超越与共生需要国际视野。

（摘自江西发布微信公众号《超越与共生：富于企业家精神的企业家应有的情怀与品格——在2020正和岛（江西）创变者年会开幕式上的致辞》）

三是"区域推介+工作观点型"，即采用两者兼容的方式。比如，如下两组提纲：

① 金融赋能的前提，在于放大金融产业的经济价值，为壮大城市综合实力提供更强支撑。
② 金融赋能的关键，在于释放金融的产业生态价值，为加快产业转型升级注入更强动能。
③ 金融赋能的根本，在于发挥金融的吸附链接效应，为集聚人才要素打造更强磁场。
④ 金融赋能的重点，在于发挥金融的资源配置功能，为融入新发展格局提供更强推力。

① 我们正在加速传统产业转型升级，打开了金融资本增值的新空间。

② 我们正在加速新兴产业集聚成长，提供了金融资本裂变的新场景。

③ 我们正在加速城市品质提档升级，搭建了金融资本投放的新平台。

④ 我们正在加速要素供给配套完善，优化了金融资本创富的新生态。

⑤ 我们正在加速营商环境系统再造，厚植了金融资本成长的新土壤。

（摘自掌中淄博《在2021中国金融与产业发展（淄博）峰会上的主旨演讲》）

具体采取哪种写法，关键是看哪种写法更契合领导的指示要求，或者可以借鉴近期领导审定认可过的致辞稿，从中找提炼的具体遵循。

（四）敲键子

若有可能的话，先从搜集的素材中找几篇站位、场景、内容相似的致辞，比如往年此类活动致辞、近期领导最新致辞，从中选取地域最新基本情况、地域推介论述、开头结尾、地域最新思路举措等内容先摞到相应小标题下面。在边看边摞边选的过程中，围绕各部分小主题进行集中对比、酝酿、思考，不断归堆套改、捋顺打磨。

（五）收果子

领导定稿、活动结束后，及时复盘致辞起草前、起草中各环节、各细节，将每一版过程稿、最终稿、相关参阅资料整理成一个文件包，以便全面复盘和事后查阅。反复研究领导修改的部分，进一步深化对致辞文稿规律性的认识，深化对领导意图、语言风格和业务关切的认识。反复研究自己平时应着重在哪些方面做储备，起草前、起草中哪些环节可以再优化，以便更好地完成下次任务。

写到这里，可能会有读友询问：如果没有文稿任务，但又想练好致辞这个文种，应该怎么办？建议结合地区、单位近期举办的相关活动进行模拟演练，设想领导将此任务交给你，你应如何一步步开展工作。具体实操不妨采取以上"五子"步骤。在练习中，建议将自己演练时的思路、文稿同活动定稿进行对比研究，尤其是要将定稿进行反复拆解剖析，从中查找不足，提升对致辞写作规律技巧的认知。

第四节 老秘心得

（一）写好提纲，就成功了一大半

致辞的篇幅一般不长。除去前后可能"千篇一律"的表述，要想在有限的篇幅内写出亮点、写出新意，关键就在于写出一组好提纲。怎样写好提纲？愚拙有一条百试不爽的实战心得，即将领导的相关论述旗帜鲜明地体现到提纲里。所以在起草前，一定要结合活动主题，全面梳理各级领导特别是发言领导的相关论述，从中提炼出相关观点，体现到小标题中，体现到正文中。

（二）选用开场对仗词句是打造亮点技巧之一

有的致辞文稿，几乎每个段落的开头都是一组对仗词句。在实际写作中，我们不必刻意这样做。但在平时储备中，我们要结合致辞特点，多做这方面的储备。储备资料素材时，类别越细越好。比如，可按季节、景色等内容类进行搜集储备，具体可参考本章"常用套件及高频词句"相关内容。再比如，还可按总结过去、阐述现在、展望未来等形式类进行搜集储备。

（三）融入历史、人文、地理类表述是增加底蕴技巧之一

在拟写致辞时，融入名人轶事、历史典故、特色文化，可以增强文稿历史底蕴、文化气息，更容易引起受众共鸣。如何寻找这方面素材？可以查找地方志等史料著述，政府网站地域概况、领导致辞及地域旅游推介词等材料。比如，一些省市政府网站上通常会有题名"领导致辞"的文章。一般而言，这类文章就是介绍该区域历史、人文、

地理等方面的范文。

（四）平时要主动搜集有关区域基本情况的材料

在活动中致辞，是宣传推介本地的良好契机。平时定期搜集本区域最新基本情况、相关推介词句，来任务时才能写得游刃有余、应时应景。

（五）平时要建构起一套个性化区域推介模板、一组多样化功能套件

这些模板、套件能够在诸多文稿中得到应用。除了致辞，还可以在通讯、汇报材料、领导讲话等文稿中选用。其中的某个词句、某个典故，极可能会给文稿增加不少新意、亮点及厚重感。

第二十八章　任职发言

第一节　共性模板

模板1（完整版）

□□□□□（注：拟任职务，可省略）任职前表态发言

□□□（注：姓名）

（□□□□年□□月□□日）

尊敬的□□□主任、各位副主任、秘书长、各位委员（注：人大会拟任职表态发言，也可以简单称为"主任、各位副主任、各位委员"）/尊敬的□□□，各位领导、同志们（注：适用人大会外其他场合任职表态发言）：

　　本人出生于□□□□年□□月，□□□□□□人，□族，□□□学历，历任□□□□、□□□□、□□□□。（注：个人经历简介，可省略）□□□□□□任命我为□□□□□，这承载着□□□的重托、凝结着□□□的信任、饱含着□□□的期盼，是对我□□□以来工作的肯定，更是对以后工作的鞭策。（注：重点表示感谢）□□□□□□□□□□□□□□□□□□□□□□□□□□。（注：介绍工作地区或者工作单位基本情况，近些年发展形势，相关表述可借鉴本章"常见套件及高频词句"，可省略）能有机会在□□□□□上服务人民、奉献力量，我深感使命光荣、责任重大。在以后工作中，我将在□□□□□坚强领导下，□□□□□□□□□□□□□□□□□□□□□□□□□□□□□□□。（注：表态内容总体概述，可省略）具体

要做到以下几点内容/在这一庄严时刻,我郑重表态/我庄重承诺:

一、□□□□□□□□□□□。□□□□□□□□□□。

二、□□□□□□□□□□□。□□□□□□□□□□。

三、□□□□□□□□□□□。□□□□□□□□□□。

四、□□□□□□□□□□□。□□□□□□□□□□。

……

(**注**:表态具体内容大体可以分为政治类、学习类、实干类、为民类、团结类、依法行政类、廉洁自律类等,相关表述可借鉴本章"常见套件及高频词句")

□□□□□□
□□□□年□□月□□日

模板 2（简洁版）

任职前表态发言
□□□（注:姓名）
(□□□□年□□月□□日)

尊敬的□□□,各位领导、各位同志:

根据组织安排,这次能够有机会任职□□□□□□,我倍感荣幸,也倍加珍惜。这是组织对我的肯定和信任,更是期望与鞭策。

在以后工作中,在新的工作岗位上,我将在□□□□□□的坚强领导下,在□□□□□□的有力监督下,坚定理想信念,尽快进入角色,认真加强学习,踏实干事,老实做人,努力争取优异成绩,绝不辜负领导和同志的信任与支持。

谢谢大家!

□□□□□□
□□□□年□□月□□日

第二节 常见套件及高频词句

（一）帽段表达任职感谢常用表达

1．根据组织安排，我有幸被提名为□□□□□□人选，接受□□□□□□人大常委会的审议和表决。

2．□□□□□□党组/党委任命我担任□□□□□□，这是组织对我的信任和重托，也是对我新的考验和挑战。我深感荣幸，也倍感使命光荣，责任重大。

3．能成为□□□□□□的一分子，我倍感荣幸，倍加珍惜。

（二）帽段概括地区或者部门情况常用表达

1．□□年前，我从□□□□□□调到□□□□□□工作。□□□这片热土孕育了我深厚的生活感情和饱满的工作热情。

2．目前，□□□□正处在加快发展的关键时期，□□□□□□，在□□□□□□上书写了浓墨重彩的篇章。

3．当前，□□□□□□上下正全面贯彻□□□□□□精神□□□□□□。

4．□□□□□□既是历史厚重、人杰地灵的一方福地，也是生机勃发、干事创业的一片热土。

5．多年来，历届□□□委、□□□政府团结带领□□□广大干部群众解放思想、开拓创新，各项事业取得了显著成效。

（三）政治表态常用表达

1．永葆忠诚之心，旗帜鲜明讲政治/旗帜鲜明讲政治，做政治上的明白人/讲政治，时刻把牢政治方向/铸牢忠诚信仰，做到政治方向不偏/坚定信念，旗帜鲜明讲政治/对党忠诚，做到政治过硬/讲政治，时刻保持政治上的清醒坚定。（注：实用小标题）

2．用□□□□□□□□□武装头脑，真正把□□□□□□□□□□□□学懂弄通做实。

3．把□□□□□□□□□□□□□与提高思想政治素质、提升工作能力、改进作风结合起来。

4. 认真落实□□□□□□□□□□，把□□□□□□结合实际切实贯彻到工作中，把对□□□□□□的忠诚落实在行动上，把□□□□□□体现在攻坚克难取得实效上。

（四）学习表态常用表达

1. 永葆进取之心，强化学习提能力/加强学习，不断提升履职水平/坚持主动学习，不断提升自身素质和水平。（注：实用小标题）

2. 按照□□□□□□□□□□要求，树立终身学习理念。

3. 坚持把学习作为生存之本、发展之基和力量之源，视学习为一种政治责任、人生修养和工作内容，积极向□□□□□□□□学□□□□□□□□□□。（注：学习对象、学习内容，一般包含学习理论、实践、业务政策、法律法规、群众、同志等）

4. 坚持学以致用、学用结合，在工作中学习，在学习中工作，□□□□□□□□□□□，为抓落实提供更充足的知识和能力保障，着力□□□□□□□□□□□，切实增强□□□□□□□□□□。（注：学习目标）

（五）实干表态常用表达

1. 只争朝夕，紧跟大势谋创新、促发展/锚定□□□目标，做到创新发展不停/勇于担当作为，坚决扛起职责使命/坚持求实创新，不断在推动□□□□□□跨越式发展上再努力/永葆为民之心，担当作为促发展/担当作为讲实干，做人民群众的勤务员/讲勤政，始终坚持求真务实/坚持恪尽职守，努力创造一流的工作实绩/坚持以干为要，强化履职担当。（注：实用小标题）

2. 牢固树立正确的政绩观，以不进则退的忧患意识……/以担当诠释忠诚，以实干兑现誓言。

3. 把□□□□□□□□□□作为履职的第一要务和根本出发点，抢抓□□□□□□□□□□□有利时机。

4. 紧紧围绕□□□□□□□□□□要求，着力在转变□□

□□□□□□□□□□，全面落实□□□□□□□□□决策部署，紧紧围绕□□□□□□□□，突出□□□□□□根本任务，坚持问题导向、结果导向，深入推进□□□□□□乘势而上、跨越发展。

5．以知难而进的硬朗作风，担当作为的务实精神，多兴打基础之举，多行利长远之策，□□□□□□□□□□□□□□□□□□，努力让工作"定了干、干必成、成必优"，使政府的各项工作经得起历史的检验。

（六）为民表态常用表达

1．厚植为民情怀，做到初心使命不改/为民务实，坚守初心办实事、惠民生/坚持人民至上，坚决树牢为民宗旨/始终坚持人民至上，全心全意为民服务/亲民爱民重民生。（**注：实用小标题**）

2．牢固树立□□□□□□的发展思想，常怀忧民、爱民、惠民之心，把为□□□□□□谋福祉作为开展工作的出发点。

3．践行权为民所用、情为民所系、利为民所谋，下大力气抓好□□□□□□□□□□□等民生工程。

4．时刻把广大人民群众的安危冷暖放在心上，倾听群众呼声，关心群众疾苦。

5．推动政策向民生聚焦、财力向民生倾斜、服务向民生覆盖，努力让□□□□□□□□□□发展更有质感、民生事业更有温度、人民生活更加舒适。

6．努力提升人民群众获得感、幸福感、安全感。

7．努力追求经得起时间考验、群众认可的工作业绩。

（七）团结表态常用表达

1．胸怀坦荡，团结协作聚合力/做团结共事的践行者/始终坚持维护班子稳定/坚持团结协作，全面贯彻民主集中制。（**注：实用小标题**）

2．把团结共事、和谐共处、通力合作当作自己应尽的责任，确保□□□□□□□□□□□班子同心同向、步调一致，凝聚起干事创业的强大合力。

3．从思想上、行动上维护好团结奋进的大好局面。

4．努力营造相互支持、愉快共事、团结和谐的良好氛围。

5．真正形成一心一意抓安全、和衷共济干事业的生动局面。

（八）依法行政表态常用表达

1．依法行政，自觉接受监督/重监督，坚持依法行政/坚持依法行政，全心服务人民/坚持以法为据，强化法治思维/尊法守法行法治/秉公用权讲法治，做清廉守正的践行者。（注：实用小标题）

2．深入贯彻□□□□□□方针政策，坚持依法□□□□□□，把法治思维、法治理念、法治方式落实到□□□□□□全过程。

3．自觉接受□□□人大及其常委会的监督，认真办理人大代表议案和建议，主动向市人大常委会汇报工作，坚定不移地贯彻执行□□□□□□□□□□□决定，依法全面履行职责。

（九）廉洁自律表态常用表达

讲纪律，切实做到严以律己/廉洁奉公，增强党性修养/锤炼能力作风，做到拼搏劲头不减/严格遵规守纪，做到清廉本色不变/重自律，永葆清廉本色/抓实自身建设，做到廉洁勤政/做清正廉洁的明白人/全面从严治党，坚决落实主体责任/坚持廉政勤政/坚持以德为本，强化自身修养/廉洁自律，树立良好□□□形象/严以用权，做到清正廉洁/讲纪律，带头遵守廉政制度，改进工作作风。（注：实用小标题）

（十）其他点睛之句常用表达

1．苦学为先，实干为本，团结为上，廉洁为要。

2．朝受命、夕饮冰，昼无为、夜难寐。

3．以学铸魂、以干立身、以勇明志、以和兴业、以德服人，笃实笃行。

4．《论语》："士不可以不弘毅，任重而道远。"

5．三牛精神：俯首甘为孺子牛，创新发展拓荒牛，本色不移老黄牛。

    6. 东坡先生曾讲"爱民之深、忧民之切"。

    7. 懂团结是大智慧，会团结是大本事，真团结是大境界。

    8. 责重如山，行胜于言。

    9. 天道酬勤，天佑良善。

第二十九章　离任感言

第一节　共性模板

模板1

□□□□□□同志离任感言

□□□□□□　□□□（注：职务和姓名）

（□□□□年□□月□□日）

尊敬的□□□□□□，同志们：

　　刚才，□□□□□宣布了□□□□□□。这次□□□□□□的调整，充分体现了□□□□□□的亲切关怀、对□□□□□□的高度重视、对□□□□□□的殷切期望，我坚决拥护。（注：帽段部分相关表述可借鉴本章"常见套件及高频词句"）

　　一、□□□□□□□□□□□。□□□□□□□□□□□。（注：表达感谢、感动、感恩或者不舍之情，可以分开写，可以在一起写，既可以放在前面写，也可以放在文章后面部分，相关表述可借鉴本章"常见套件及高频词句"）

　　二、□□□□□□□□□□□。□□□□□□□□□□□。（注：表达欣慰之情，主要谈在任时取得的成绩，相关表述可借鉴本章"常见套件及高频词句"）

　　三、□□□□□□□□□□□。□□□□□□□□□□□。（注：表达祝福之情，相关表述可借鉴本章"常见套件及高频词句"）

　　……

模板 2

□□□□□□□□□□□□
——□□□□□□同志在离任会上的讲话
□□□□□□　□□□
（□□□□年□□月□□日）

尊敬的□□□□□□，同志们：

□□□□□□□□□□□□□□□□□□□。在这个告别的日子里，我想讲三句话：

第一句话：□□□□□□□□□□□□。□□□□□□□□□□。

第二句话：□□□□□□□□□□□□。□□□□□□□□□□。

第三句话：□□□□□□□□□□□□。□□□□□□□□□□。

……

谢谢大家！

第二节　常见套件及高频词句

（一）帽段常用表达

□□□□□□这次对□□□□□□的调整，充分体现了□□□□□□对□□□□□□的高度重视/对□□□□□□的信任肯定/对□□□□□□的殷切期望，我完全赞同、坚决拥护。

（二）离任感谢、感动、感恩和不舍之情常用表达

1. 人生最是伤离别/弹指一挥间/时间如一指流沙/聚散离合总是情/人非草木，孰能无情/时光易逝，事业无限/时光荏苒，岁月匆匆/时光如流，岁月情深/故土难离，故园难别/依依不舍，难以忘怀/人事

有代谢，往来成古今/离任只是惜别，并不是结束/魂牵梦萦的精神家园/离职身退，既是法规所定，也是人生必然规律/别离时分，往日的点滴分外清晰。

2．感谢□□□□□□长期以来对我的培养/帮助/关心/信任/指导/支持/付出/体谅/包容/理解/宽容/关爱，这无时无刻不在感动、鞭策、激励着我。

3．这些成绩的取得，归功于/得益于/凝结着□□□□□□的高度信任/深切关怀/亲切关怀/悉心指导/理解信任/关心支持/都是大家风雨同舟、同甘共苦的结果。

4．今后无论走到哪里，我的心永远和□□□□□□在一起/对□□□□□□的这份眷恋之情永远不会改变。

5．这是人生中难以忘怀的一段时光，也是最值得珍藏的一段经历。

（三）离任欣慰之情常用表达（注：一般用来叙述成绩）

有实力/有温度/有颜值/有气质/有魅力/有影响力/更加便捷/实干成风/正气昂扬/艰难转型/华丽转身/成功蝶变/加速崛起/圆满收官/风生水起/大为改观/明显改善/位居前列。

（四）离任希望祝福之情常用表达

1．岁月更迭，事业弥新/老牛亦解韶光贵，不待扬鞭自奋蹄。

2．我坚信，在□□□□□□坚强领导下，在□□□□□□直接带领下，□□□□□□必将铸就新的历史伟业/必将书写新的历史辉煌。

3．□□□□□□美好愿景一定会早日实现/□□□□□□一定会更加美好。

4．在今后的工作岗位上，我都会尽力为□□□□□□服务，期待今后不断收到□□□□□□的喜讯，为□□□□□□每一步发展衷心喝彩。

5．祝愿□□□□□□的明天更加美好/欣欣向荣/蒸蒸日上/和和美美/红红火火/再创佳绩/再创辉煌/高歌猛进/步伐坚挺/捷报频传/一切顺利/再上新台阶/更加辉煌灿烂。

（五）离任遗憾之情常用表达

1. 没做够/没做好/没如愿/有欠缺。

2. 考虑不周/关心不周/深入不够/过于直率/不尽科学/不够周到。

3. 不尽如人意/遇事比较急躁/仍需健全完善/无意中伤害了的感情。

4. 收获了成功的喜悦，也留下了不少的遗憾。

5. 有一些想去做、应该做的工作还没有去做。

6. 有一些工作正在推进过程中，还有一些工作做得不够到位，留下了一些不足和遗憾。

7. 受能力水平和客观因素的限制，有一些工作想做却还没来得及做，有一些事情刚刚起步开篇。

8. 与□□□□□的信任与期待有不少差距。

（六）对个人简要评价常用表达

拼音 C 开头：吃得苦/长远眼光/长期在□□□□□□战线工作；

拼音 D 开头：德才兼备/鼎力支持/大局意识强；

拼音 F 开头：风雨兼程；

拼音 G 开头：顾大局/顾大家/公道正派/敢抓敢管/敢闯敢试/敢为人先/规规矩矩/敢作敢为/关心群众疾苦/工作作风务实/工作勤勉敬业；

拼音 H 开头：会干事/好共事/互相支持；

拼音 J 开头：讲政治/经验丰富/精益求精/坚韧不拔/境界很高/坚韧毅力/驾驭全局和处理复杂问题的能力强；

拼音 K 开头：开拓创新/开诚布公；

拼音 L 开头：理想信念坚定/领导经验丰富；

拼音 M 开头：埋头苦干/默契配合/敏捷思维；

拼音 N 开头：能担当/能力强/能胜任；

拼音 Q 开头：勤奋敬业/齐心合力/清清爽爽；

拼音 R 开头：荣辱与共/热情奔放；

拼音 S 开头：舍小家/思想解放/视野开阔/思路清晰/善抓重点/善于团结干事/深得□□□□□的高度认可/熟悉□□□□□；

拼音 T 开头：同舟共济/团结协作/坦坦诚诚/坦诚相待；

拼音 W 开头：无私奉献/务实尽职/为人诚恳；

拼音 X 开头：胸怀坦荡；

拼音 Y 开头：有情怀/勇于创新/有情有义/有改革创新精神/要求自己严格/勇于改革创新/有在□□□□□的工作经验/有□□□□□地区工作经历；

拼音 Z 开头：作风硬/作风务实/政治坚定/扎根守土/朝夕相处/作风过硬/政治站位高/政治立场坚定/政治素质好/政治意识强/综合素质高/专业素养高/组织领导能力强/抓工作精准精细。

（七）对一地情况简要评价常用表达

历史悠久/神奇秀美/人杰地灵/底蕴厚重/魅力无穷/令人神往/热情包容/人间天堂/风物清嘉/人文荟萃/山水环绕/湖江相依/物阜民丰/风物雄丽/山川秀美/山清水秀/光荣传统/红色土地/洋溢青春/勃发活力/十步之内必有芳草。

第三节 老秘心得

离任感言通常表达感谢、感动、感恩、不舍、希望、祝福、遗憾等感情，这些感情表达主要结合对以前工作的回顾总结。而任职表态发言主要是表达对将来工作的信心、规划和展望。一个侧重以前，一个侧重将来；一个侧重表达真情，一个侧重憧憬规划。离任感言和任职表态发言两者联系紧密，但是存在很大不同，要仔细研究撰写。

第三部分
其他常用文体

本书第三部分着重介绍了其他常用文体，共 9 章（第三十章至第三十八章），分别是调研报告、方案、简报、工作总结、工作要点、新闻时评、贺电、慰问信、感谢信。这些公文虽然既不属于法定公文类型，也不是讲话发言，但是在工作中用到的频次一点也不比法定公文少，而且也相当重要。比如，遇到重要工作就要制订一个翔实方案，每个单位年初都会制订工作要点，年末都要有工作总结等。

第三十章 调研报告

第一节 共性模板

模板1(针对某项工作的调研报告)

□□□□□(部门、单位或者议事协调机构名称)
关于□□□□□情况的调研报告
(**注**:相关表述可借鉴本章"常见套件及高频词句")

按照□□□□□调研方案部署安排,□□□□年□□月□□日至□□日,□□□□□到□□□□□、□□□□□、□□□□□□开展调研。主要围绕□□□□□、□□□□□等重点任务,采取约谈□□□□□、召开座谈会、逐案剖析、实地走访、暗访等形式进行调研。(**注**:文章开头,具体介绍此次调研时间、地点、目的、对象、范围、方式等内容,相关表述可借鉴本章"常见套件及高频词句")现将主要情况报告如下:

一、基本情况

□□□□□□,□□□□□□□□□□□□□□□□□□□□□□□□□□□□□□。

二、主要做法/特点/优势

(一)□□□□□□。□□□□□□□□□□□。
(二)□□□□□□。□□□□□□□□□□□。
(三)□□□□□□。□□□□□□□□□□□。
(**注**:第一部分和第二部分可以写到一处)

三、存在主要问题

（一）□□□□□。□□□□□□□□□□。

（二）□□□□□。□□□□□□□□□□。

（三）□□□□□。□□□□□□□□□。

……

四、几点感受/启示

感受之一：□□□□□□□□□。

感受之二：□□□□□□□□。

感受之三：□□□□□□□□。

（注：此部分可以省略）

五、改进的意见建议

下步，建议以□□□□□□为统领，力争在以下□□□□□方面实现重点突破：

（一）在□□□□□上重点突破。□□□□□□□□□□。

（二）在□□□□□上重点突破。□□□□□□□□□□。

（三）在□□□□□上重点突破。□□□□□□□□□□。

……

模板2（针对具体问题的调研报告）

□□□□□（部门、单位或者议事协调机构名称）
关于□□□□□□问题的调研报告

在□□□□□□的关键阶段，为推动解决□□□□□□问题，今年□□月以来，□□□□□□组建了以主要负责同志为组长的调研指导组，深入□□□□□□开展调研工作，历经□□天，深入□□、□□、□□等地，走访□□、□□、□□等人，为□□□□□□打下了良好基础，具体情况报告如下：

一、问题表现

（一）□□□□□□。□□□□□□□□□□□□□。
（二）□□□□□□。□□□□□□□□□□□□□。
（三）□□□□□□。□□□□□□□□□□□□。
……

二、原因及其危害

（一）□□□□□□。□□□□□□□□□□□□□。
（二）□□□□□□。□□□□□□□□□□□□□。
（三）□□□□□□。□□□□□□□□□□□□□。
……

三、对策措施

（一）□□□□□□。□□□□□□□□□□□□□。
（二）□□□□□□。□□□□□□□□□□□□□。
（三）□□□□□□。□□□□□□□□□□□□。
……

模板3（针对典型经验的调研报告）

□□□□□□（部门、单位或者议事协调机构名称）
关于□□□□□□情况的调研报告

为深入贯彻落实□□□□□□指示精神，□□□□□□，□□□□□□开展了□□□□□□活动，并形成本调查报告，具体情况如下：

一、□□□□□□的经验做法

（一）□□□□□□。□□□□□□□□□□□□□。
（二）□□□□□□。□□□□□□□□□□□□。

（三）□□□□□□。□□□□□□□□□□□□□□。

……

二、□□□□□□存在问题

（一）□□□□□□。□□□□□□□□□□□□□□。

（二）□□□□□□。□□□□□□□□□□□□□□。

（三）□□□□□□。□□□□□□□□□□□□□□。

……

三、□□□□□□经验启示

启示之一：□□□□□□。□□□□□□□□□□□□□□。

启示之二：□□□□□□。□□□□□□□□□□□□□□。

启示之三：□□□□□□。□□□□□□□□□□□□□□。

……

四、下步工作意见建议

（一）□□□□□□。□□□□□□□□□□□□□□。

（二）□□□□□□。□□□□□□□□□□□□□□。

（三）□□□□□□。□□□□□□□□□□□□□□。

……

模板 4（并列式结构的调研报告）

　　　　□□□□□□（部门、单位或者议事协调机构名称）
　　　　关于□□□□□□情况的调研报告

　　为□□□□□□□□□□□□□□，□□□□□□开展了□□□□□□活动，并形成本调查报告，具体情况如下。

　　一、□□□□□□。□□□□□□□□□□□□□□。

　　但还存在一些困难和问题：一是□□□□□□；二是□□□□□□；三是□□□□□□。

我们的建议：一是□□□□□；二是□□□□□；三是□□□□□□。

二、□□□□□□。□□□□□□□□□□□□。

但还存在一些困难和问题：一是□□□□□□；二是□□□□□□；三是□□□□□□。

我们的建议：一是□□□□□；二是□□□□□；三是□□□□□□。

三、□□□□□□。□□□□□□□□□□□□。

但还存在一些困难和问题：一是□□□□□□；二是□□□□□□；三是□□□□□□。

我们的建议：一是□□□□□；二是□□□□□；三是□□□□□□。

（注：模板4是并列式结构调研报告，前三个模板主要是递进结构。在实际应用中也可以并列和递进结构混用）

第二节　常见套件及高频词句

（一）标题常用表达

1. 以"调研报告""考察报告""调查""思考"等结尾类

（1）□□□□□□（注：部门、单位或者议事协调机构名称）关于□□□□□□（注：事由）工作/问题/情况的调研报告。

（2）关于□□□□□□工作/问题/情况的调研报告。

（3）□□□□□□工作/问题/情况的调研报告。

（4）□□□□□□情况调查，如：魏塘人民公社和合生产队调查。

（5）关于□□□□□□风险的思考。

2. 判断/评价/设问句式类

（1）强化□□□□□□工作，提升基层治理能力。

（2）□□□□□□现象为何屡禁不止。

（3）□□□□□□情况何时了。

3. 正副标题类

正标题一般着重写作用意义，副标题一般写事项内容。

（1）□□□□□迈上新台阶

——关于□□□□□工作/问题/情况的调研报告

（2）把□□□□□上升为战略任务来抓

——深化□□□□□□□□□的思考

（3）深化□□□□□机制 创新□□□□□方法

——关于□□□□□的调查

（4）加快健全□□□□□ 推进□□□□□

——□□□□□情况分析与思考

（二）帽段常用表达

调研报告帽段一般可以包括以下内容：调研背景意义，调研目的，调研的时间、地点、对象、范围、经过及采用的方法。还可以简要说明调研对象的基本情况及得出的结论。以上这些内容可以根据实际情况斟酌确定，但一定要紧扣主题、简练概括。

1. 简板开头

根据□□□□□的统一安排，□□□□□、□□□□□组织联合调研组，围绕□□□□□□□□□进行了全面系统调研。现将有关情况报告如下：

□□□□年上半年，□□□对□□□□□等地区的□□进行了调研。调研发现，□□□□□，□□□□□等突出现象/问题。具体情况如下。

2. 对调研过程介绍式开头

根据□□□□□会议安排，□□月□□日至□□日，由□□□□□□组成的调研组对□□□□□□工作情况进行调研。调研组在集中听取□□□□□汇报后，分成□□个调研小组，深入□□个县（市、区），通过实地走访/召开座谈会/查阅资料/暗访/个别交谈/电话询问/书面汇报等方式，深入了解□□□□□推进工作等情况，通过□□、□□、□□等方式广泛征求□□□□□的意见和建议。现将调研情况报告如下。

3. 对调研内容提要式概括的开头

□□□□年以来，□□□□□□以□□□□□□为抓手，不断加强□□□□□□建设，□□□□□□□□□。今年□□月，我们对□□□□□□情况进行了调查，其主要做法□□□□□□：

□□□□□□，是□□□□□□的具体行动，也是□□□□□□的重要支撑。今年以来，我市□□□□□□取得积极成效，但还存在一些不容忽视的问题急需破解，为□□□□□□，我们开展了调研，具体情况报告如下。

（三）有益启示常用表达

1. 关键词在后面类型

□□□□□□是□□□□□□的前提/底气/关键/支撑/根本/目标/重点/命脉/根基/保障/核心/基础/前提条件/关键要素/根本之策/有效保障/前提和基础/活力之源/关键抓手/关键所在/重要要求/重要路径/重要举措/首要选项/首要任务/核心环节/有力支撑/必由之路/有益探索。

实现□□□□□□，务必坚持以□□□□□□□为引领/依托/支撑/保障。

2. 前面使用"一定""必须"等词语

一定要打通/明确/营造/按照□□□□□□。

□□□□□□必须转变/明晰/厘清/提升/找准/构建/建立/用好/注重/突出/抢抓/聚焦/遵循/勇于/凝聚/广泛动员/积极探索/大力发展□□□□□□。

3. 其他常用类型

坚持□□□□□□，加强□□□□□□领导。

推动□□□创新，不断□□□□□□渠道。

搭建□□□平台，多管齐下做好□□□□□□。

优化□□□生态，完善□□□□□体制机制。

（四）存在问题常用表达

1. 队伍建设上的问题

□□□□□□水平有待提高/队伍素质不高/队伍建设存在薄弱环节/队伍建设滞后/力量动员不充分。

2. 保障上的问题

□□□□□□资金缺口较大/支持有限/统筹谋划力度不够/体制机制不活/政策支持效果不佳/空间受限/配置失衡/结构不合理/环境不优/条件欠缺/氛围不浓/激励体制不健全。

3. 自身存在问题

□□□□□□潜力尚未充分释放/仍有短板/亟待规范/尚未形成/矛盾突出/严重短缺/大量流失/步伐缓慢/仍需优化/创新不足/链条还不完善/尚未通过认定/主体活力不足/目标结合不紧密/不够明确/不够突出/竞争力不强/定位不准/后劲不足/转化不畅/质量不高/手段相对单一/功能业态过于单一。

4. 外界带来问题

□□□□□□虹吸效应。

5. 长期性问题

□□□□□□任重道远。

（五）意见建议常用表达

1. 因地制宜/分类施策/统筹谋划/齐抓共管/形成合力/协同推进/厘清思路/找准定位/吃透政策/规划先行/突出重点/抢抓机遇/保护治理/科学利用/精准施策/建规立制/注重规划/加强宣传/积极引导/创新方法/加强监管。

2. 要贯彻/统筹/聚焦/结合/完善□□□□□，助推/优化/加大/集聚□□□□□。

3. 进一步打造/优化/营造/深化□□□□。

4. 立足□□□□□，提升/加快/实现/激发/巩固□□□□□。

第三节 老秘心得

调研报告是对某件事情进行深入调查后，经过研究分析形成的报告。毛泽东同志讲："没有调查，没有发言权。不做正确的调查同样没有发言权。"调查研究是谋事之道，成事之基。它让我们熟悉情况，提供了做好决策的依据。正确的决策背后肯定是对客观实际的充分调研。如何开展好调查研究是干部工作能力和作风的试金石。开展调研通常有以下几步。

（一）明确调研内容，提前了解情况，做到心中有数

就是搞清下去调查什么。然后做好相关的知识准备，认真学习有关知识，尤其是上级有关方针政策以及有关业务知识。

（二）制订调研计划

其中包含参加调研的人员，调研的时间、方法、步骤、具体要求和注意事项，以及调研经费、交通方式等。同时，要及时联系被调查对象，必要时让他们也要有相应的准备。

（三）运用切实可行的调研方式方法

常见的调研方式包括普遍调查、抽样调查、随机调查、非随机调查、重点调查、典型调查、整群调查、分层调查、蹲点调查等。常见的调查方法主要有听取汇报、召开座谈会、现场勘察、问卷调查、个别访谈、跟踪调查、定点调查、文献调查、网络调查等。调研过程最重要的一点是要"真"，尽可能发现新情况，找出真问题，研究实办法，千万不要蜻蜓点水、走马观花。

（四）写调研报告。七分调研、二分思考、一分报告

功夫主要下在调研发现真实情况上，其次思考相关问题、解决对策或者经验启示，一分用在写报告上。有人说"功夫在诗外"。写诗如此，写调研报告更是如此。只要前期深入调研，摸清具体情况并进行深入思考，后面的报告便是水到渠成的事情。正因如此，虽然调研报告重要，但除了体例外，能够模板化通用的不多。因为越是

好的调研报告，越是富有个性特色，充满独到见解，越不是普通框架、血肉可以成就的。毛主席说："要想知道梨子的滋味，就要亲口尝一尝。"毛主席的《湖南农民运动考察报告》《鲁忠才长征记》以及费孝通的《江村经济》等，都是调查报告中的经典，大家可以找来认真阅读。

第三十一章 方案

第一节 共性模板

模板 1

□□□□□□实施方案/总体方案/行动方案

□□□□□是□□□□□□的重要任务，也是□□□□□的重要内容。□□□□□以来，各地区各部门认真贯彻□□□□□□决策部署，把□□□□□□重点放在□□□□□□，持续改善□□□□□□，□□□□□□取得一定成绩。同时，□□□□□还不健全，部分领域还存在□□□□□□一些突出短板和薄弱环节。（**注**：前面部分是实施内容背景意义和基本情况，此部分可简写或者省略）为扎实推进□□□□□□，进一步□□□□□□水平，制订本实施/总体/行动方案。（**注**：帽段相关表述可借鉴本章"常见套件及高频词句"）

一、总体要求

（一）指导思想

以□□□□□□□□□□□思想为指导，深入贯彻□□□□□□□□□□□会议精神，全面贯彻□□□□□□方针，落实□□□□□□任务，按照□□□□□□、□□□□□□、□□□□□□的原则，系统推进□□□□□□改革，建立□□□□□□□□□□□的体制机制，全面提高□□□□□□□□□□□，为□□□□□□□□□□□提供强有力支撑。（**注**：相关表述可借鉴本章"常见套件及高频词句")

(二)工作原则

——□□□□□、□□□□□□。

——□□□□□□、□□□□□。

——□□□□□□、□□□□□□。

(注:相关表述可借鉴本章"常见套件及高频词句")

(三)实施目标

到□□□□年/经过□□年努力,□□□□□□显著改善,□□□□□□取得新进步,□□□□□□稳步提高,□□□□□□不断提升,□□□□□□得到管控,□□□□□□长效机制基本建立。

二、重点任务

(一)□□□□□□□□□。

1.□□□□□□□□□□□。

2.□□□□□□□□□□□。

3.□□□□□□□□□□□。

……

(二)□□□□□□□□□□□。

1.□□□□□□□□□□□。

2.□□□□□□□□□□□。

3.□□□□□□□□□□□。

……

(三)□□□□□□□□□□。

1.□□□□□□□□□□□。

2.□□□□□□□□□□□。

3.□□□□□□□□□□。

……

三、保障措施

(一)加强组织领导。□□□□□□□□□□。(注:相关表述可借鉴本章"常见套件及高频词句")

（二）强化法治保障。□□□□□□□□□□。（注：相关表述可借鉴本章"常见套件及高频词句"）

（三）做好组织实施。□□□□□□□□□□。（注：相关表述可借鉴本章"常见套件及高频词句"）

（四）注重宣传引导。□□□□□□□□□□。（注：相关表述可借鉴本章"常见套件及高频词句"）

……

模板 2

□□□□□□□□□□实施方案

□□□□□□是□□□□□□，事关□□□□□□，事关□□□□□□。为加快□□□□□□□□□□□□□□□□□□，制订本实施方案。

一、总体要求

□□□□□□□□□□□□。（注：总体要求中的指导思想、工作原则、主要目标可以合并到一起写）

二、扎实推进□□□□□□

□□□□□□□□□□□□。

三、加快推进□□□□□□

□□□□□□□□□□□□。

四、全面提升□□□□□□

□□□□□□□□□□□□。

五、推动□□□□□□提升

□□□□□□□□□□□□。

六、建立健全□□□□□□

□□□□□□□□□□□□。

七、加大政策支持力度

□□□□□□□□□□□。

八、强化组织保障

□□□□□□□□□□□。

模板 3

□□□□□□□□□□重点任务及分工方案

□□□□□□高度重视□□□□□□工作。□□□□年□□月□□日，□□□□□□在□□□□□□会议上发表□□□□□□讲话，部署□□□□□□□□□□□□□□□□□□。为确保会议确定的重点任务落到实处，现制订如下分工方案。

一、□□□□□□□□□□□□

（一）继续把□□□□□□□□□□□作为□□□□□□□□□□的重要着力点，坚持□□□□□□□□□□□□，□□□□□□□□□□□□。（□□□□□□局、□□□□□□委、□□□□□□部、□□□□□□部相关部门及各地区按职责分工负责）

具体举措：

1. 落实好□□□□□□□□□□□□。（□□□□□□□□□□局/部牵头，□□□□□□□□□□□相关部门及各地区按职责分工负责）

2. 深入开展□□□□□□□□□□。（□□□□□□□□□□□局/部牵头，□□□□□□□□□□□相关部门及各地区按职责分工负责）

3. 持续清理□□□□□□□□□□。（□□□□□□□□□□□局/部牵头，□□□□□□□□□□□相关部门及各地区按职责分工负责）

（二）□□□□□□□□□□□□。
（三）□□□□□□□□□□□。
……

二、□□□□□□□□□□□□

（一）□□□□□□□□□□□□□。（□□□□□□局、□□□□□□委、□□□□□□部、□□□□□□部相关部门及各地区按职责分工负责）

具体举措：

1.□□□□□□□□□□□□□。（□□□□□□□□□□□局/部牵头，□□□□□□□□□□□□相关部门及各地区按职责分工负责）

2.□□□□□□□□□□□□□。（□□□□□□□□□□□局/部牵头，□□□□□□□□□□□□相关部门及各地区按职责分工负责）

3.□□□□□□□□□□□□□。（□□□□□□□□□□□局/部牵头，□□□□□□□□□□□□相关部门及各地区按职责分工负责）

（二）□□□□□□□□□□□□。
（三）□□□□□□□□□□□。
……

三、□□□□□□□□□□□□

（一）□□□□□□□□□□□□□。（□□□□□□局、□□□□□□委、□□□□□□部、□□□□□□部相关部门及各地区按职责分工负责）

具体举措：

1.□□□□□□□□□□□□□。（□□□□□□□□□□□局/部牵头，□□□□□□□□□□□□相关部门及各地区按职责分工负责）

2.□□□□□□□□□□□□□。（□□□□□□□□□□□局/部牵头，□□□□□□□□□□□□相关部门及各地区按职责分工负责）

3.□□□□□□□□□□□□。（□□□□□□□□□□局/部牵头,□□□□□□□□□□相关部门及各地区按职责分工负责）

（二）□□□□□□□□□□□。

（三）□□□□□□□□□□□。

……

四、强化组织实施

（一）加强组织领导。（□□□□□□局、□□□□□□委、□□□□□□部、□□□□□□部相关部门及各地区按职责分工负责）

具体举措：

1.□□□□□□□□□□□□。（□□□□□□□□□□局/部牵头,□□□□□□□□□□相关部门及各地区按职责分工负责）

2.□□□□□□□□□□□□。（□□□□□□□□□□局/部牵头,□□□□□□□□□□相关部门及各地区按职责分工负责）

3.□□□□□□□□□□□□。（□□□□□□□□□□局/部牵头,□□□□□□□□□□相关部门及各地区按职责分工负责）

（二）□□□□□□□□□□□。

（三）□□□□□□□□□□□。

……

模板 4

□□□□□□会议筹备方案

为进一步推进□□□□□□□□□□工作,根据□□□□□□□□□□□部署安排,拟召开□□□□□□□□□□

□□会议。现制订工作方案如下/根据□□□□□指示，□□□□□□（注：大体时间）召开□□□□□□会议。参照以往□□□□□会议做法，对会议筹备工作制订如下方案。

一、会议主题

□□□□□□□□□□。

二、会议时间

拟定于□□□□年□□月□□日（星期□）。

三、会议地点

拟定于□□□□□□会议室。

四、参加人员

□□□□□□、□□□□□□、□□□□□□。（约□□□人）

五、会议议程

会议由□□□□□□□□□□主持。

1. □□□□□□就全省□□□□□□□□□□□工作作汇报；（时间约 20 分钟）

2. 审议《□□□□□□□□□□□》；（时间约 3 分钟）

3. 审议《□□□□□□□□□□□》；（时间约 3 分钟）

……

4. □□□□□□□□□□□□讲话；

5. □□□□□□□□□□□□讲话。

会议总时长约□□分钟。

六、工作分工

筹备工作在□□□□□□领导下进行，具体工作由□□□□□□牵头。

1. □□□□□□□□□□□□负责通知□□□□□□参会；

2. 会议材料由□□□□□□□□□□负责；

3. 会务筹备工作由□□□□□□□□□□□负责；

4. 媒体报道由□□□□□□□□□□统一安排。

七、时间安排

筹备工作□□月正式启动，拟分□□阶段进行。

1．调研阶段（□□月□□日至□□月□□日）。分□个调研组，利用□□周时间进行调研。□□□□□□□□□□□□□□□□□□□。

2．学习研讨阶段（□□月□□日至□□月□□日）。□□□□□□□□□□□□□□□□□□□□□□□□□□。

3．起草阶段（□□月□□日至□□月□□日）。□□□□□□□□□□□□□□□□□□□□□□□□□。

模板 5

□□□□□□活动方案

按照□□□□□□要求，现制订如下□□□□□□活动方案。

一、活动时间
拟定于□□□□年□□月□□日□□时。

二、活动地点
拟定于□□□□□□。

三、参加人员
1．□□□□□□。

2．□□□□□□。

……

共约□□人。

四、活动流程
1．□□□□□□。

2．□□□□□□。

……

五、有关要求

1. □□□□□□。
2. □□□□□□。
……

模板 6

□□□□□□调研工作方案

为了□□□□□□，根据□□□□□□指示要求，□□□□□□决定开展调研工作，现制订如下工作方案。

一、调研内容

1. □□□□□□
2. □□□□□□
3. □□□□□□

……

二、调研时间

调研安排在□□月□□日至□□月□□日进行。

三、调研人员及工作安排

调研成员分为□□组：

一组组长□□，组员□□、□□、□□，主要到□□□□□□进行调研；

二组组长□□，组员□□、□□、□□，主要到□□□□□□进行调研；

三组组长□□，组员□□、□□、□□，主要到□□□□□□进行调研；

……

调研形式包括但不限于个别访谈、召开□□座谈会等。

四、材料整理和工作汇报

1. □□月□□日—□□日，□□□□□□。
2. □□月□□日—□□日，□□□□□□。
……

模板 7

□□□□□□接待方案

□□□□年□□月□□日，□□□一行□□人对□□□□有关情况进行调研。为做好接待工作，制订如下方案。

一、时间、地点

时间：□□月□□日（星期□）

地点：□□□□□□、□□□□□□

二、主要内容

调研□□□□□□领域有关工作。

三、日程安排

□□:□□ □□□□□□一行乘车从□□□□□□出发，前往□□□□□□（□□分钟）。

□□:□□ 抵达□□□□□□调研（□□□□□□介绍□□□□工作情况，□□分钟。参加人员：□□□□□□、□□□□□□）。

□□:□□ 前往□□□□□□（□□分钟）。

□□:□□ 抵达□□□□□□调研（□□□□□□介绍□□□□工作情况，□□分钟。参加人员：□□□□□□、□□□□□□）。

□□:□□ 前往□□□□□□（□□分钟）。

□□:□□ 抵达□□□□□□调研（□□□□□□介绍□□□□工作情况，□□分钟。参加人员：□□□□□□、□□□□□□）。

……

□□:□□ 调研结束，返回□□□□□□。

四、参加人员

（一）□□□领导同志

□□□ □□□□□□

□□□ □□□□□□

（二）□□□负责同志

□□□、□□□、□□□、□□□。

五、工作要求

1. □□□负责调研组织协调，做好筹备及□□□工作。

2. 控制随行工作人员数量，不层层增加陪同人员。

3. 不制作接待手册，不组织人员列队迎送。

第二节 常见套件及高频词句

（一）帽段常用表达

1. □□□□□□是支持□□□□□□□的重要举措，对□□□□□□具有重要意义，是丰富□□□□□□的重大部署。（注：说明事项作用意义）

2. □□□□□□以来，□□□□□□高度重视□□□□□□工作，强调要□□□□□□□□□□□□，坚决□□□□□□□□□□。近年来，各地区各部门认真贯彻落实□□□□□□有关决策部署，不断加大□□□□□□工作力度，取得积极成效，但□□□□□□问题仍不容忽视，加强□□□□□□任务繁重。（注：说明事情背景意义）

3. 为推动□□□□□□更好发挥示范引领作用/为贯彻落实□□□□□□□□□□□□□□的部署要求，推动实施□□□□□□□□□□，制订本方案。

4. 为加快构建□□□□□□□□□□□□，在总结□□□□□□□□□□□□经验基础上，借鉴□□□□□□□□□□□□有益做

法，结合□□□□□□□□□□□实际，制订本方案。

5. 为贯彻落实□□□□□□□□□□精神，推进□□□□□□□□□□□，加快建立□□□□□□□□□□□□□，制订本方案。

6. 为贯彻落实□□□□□□□□□□的总体部署，进一步发挥□□□□□□□□□□优势，深入开展□□□□□□□□，建设□□□□□□□□□，根据《□□□□□□□□□》，制订本方案。

（二）总体要求常用表达（注：像前面模板 1 中提到的，总体要求可以分写包括指导思想、工作原则、任务目标等，也可以总写到一起）

以□□□□□□□□□□□思想为指导，（注：指导思想总写）坚持□□□□□□□□，（注：坚持的原则总写）突出□□□□□□□□□□，推动□□□□□□□□□□□□取得实效，为□□□□□□□□□□奠定坚实基础。到□□□□年，□□□□□□□□□□□□□□□□□□。（注：任务目标总写）

（三）指导思想常用表达

以□□□□□□□□□为指导，全面贯彻□□□□□□□□□□□会议精神，聚焦□□□□□□□□□□发展战略，紧扣□□□□□□□□□□目标，瞄准□□□□□□□□□□□，以□□□□□□□□□□为主题，充分发挥□□□□□□□□□重要作用，优化□□□□□□□□□□□环境，加快推动□□□□□□□□□□优势，壮大□□□□□□□□□□□□经济，走出一条□□□□□□□□□的发展新路，为□□□□□□□□□□□实现新突破提供坚强支撑/提供重要保障/提供强劲动力/奠定坚实基础/谱写美丽篇章/注入新动能/而努力奋斗。

（四）坚持原则常用表达

1. 六字类

突出□□安全。

释放市场活力。
注重统筹兼顾。
坚持依法治□。
坚持立德树人。
坚持问题导向。
坚持科学有效。
坚持统筹兼顾。
坚持□□特色。
坚持系统推进。
加强政治引领。
密切联系群众。

2. 八字类

重点排查，精准识别。
全面推进，协同治理。
落实责任，保障有力。
问题导向，紧扣发展。
系统设计，统筹布局。
全面创新，重点突破。
强化激励，人才为先。
顶层设计，基层探索。
系统集成，协同高效。
问题导向，因地制宜。
稳中求进，守住底线。
需求导向，充分共享。
创新应用，防控风险。
多方参与，协同联动。
依法依规，保护权益。
聚焦重点，安全第一。

摸清底数，系统治理。
因地制宜，统筹施策。
建管并重，长效管理。
科学评估，精准施策。
标本兼治，系统推进。
健全体系，提升能力。
创新方式，破解难题。
强化监管，规范运行。
转变观念，提升能力。
科学定位，整体保护。
合理布局，稳步推进。
□□主导，共同参与。
尊重规律，稳扎稳打。
因地制宜，分类指导。
注重保护，体现特色。
□□引导，□□参与。
建管并重，长效运行。
节约资源，绿色建设。
依法推进，鼓励创新。
环境有价，损害担责。
主动磋商，司法保障。
信息共享，公众监督。
系统谋划，科学施策。
突出重点，优化路径。
□□引导，市场发力。
先立后破，安全降□。

3. 十字类

坚持全面保护，突出重点。

坚持尊重自然，科学修复。
坚持生态为民，保障民生。
坚持□□主导，社会参与。
坚持规划先行，统筹推进。
坚持长远发展，宜居宜业。
坚持□□引导，□□主体。
坚持日常管护，长效管理。
坚持多措并举，改善观念。
坚持□□主导，统筹实施。
坚持规划引领，创新发展。
坚持科技创新，示范带动。
坚持因地制宜，综合施策。
坚持□□参与，合力推进。

4. 十二字类

坚持改革创新，着力激发活力。
坚持依法治理，着力强化监管。
坚持统筹安排，着力补齐短板。
坚持多元共治，着力防控风险。
坚持制度创新，保障□□□□。
坚持统筹兼顾，注重政策配套。
坚持统一部署，分类分步推进。
坚持因地制宜，突出分类施策。
坚持规划先行，突出统筹推进。
坚持立足□□，突出□□特色。
坚持问需于民，突出□□主体。
坚持持续推进，突出健全机制。

（五）组织保障常用表达

1. 加强组织领导/加强统筹协调/加强组织协调。

2. 党委/政府要加强统一领导，建立□□□□□发展顶层协调机制，成立□□□□□□□□工作领导小组，由□□□□□担任组长和副组长，□□、□□、□□、□□等相关□□部门共同参与，全面领导和统筹协调□□□□□□□□□发展有关工作，研究重大政策措施，协调解决重大问题，推动□□□□□。办公室设在□□□□□。□□□□□主要负责同志要亲自把关、亲自协调、亲自督察，统筹协调推进□□□□□□工作。

3. □□、□□、□□等部门要切实履行职责，加强沟通协调，形成改革合力，共同推进□□□□□□各项工作。□□月，各重点□□向□□□□□工作领导小组办公室报送工程实施情况。

（六）资金保障常用表达

1. 加大资金投入/拓宽资金投入渠道/建立健全多元化的资金投入机制/探索鼓励社会资本进入□□□□□□领域。

2. □□□□□□要安排必要□□□□□□工作经费，按规定统筹整合□□□□□□相关项目资金。

3. 各地要落实《□□□□□□》等文件要求，保障□□□□□□等相关资金投入，更好促进□□□□□□□。

4. □□、□□、□□等有关部门在安排□□□□□□等相关项目时，对□□□□□□优先考虑、予以倾斜，提供政策和资金支持。

5. 多渠道筹集建设资金，切实加强对□□□□□□工作的资金保障。

6. 按照财政事权和支出责任相一致原则，将□□□□□□经费纳入各级财政部门预算。

7. □□□□□□治理按规定享受税收优惠政策。

8. □□□□□□工作所需经费由同级财政予以安排。

（七）明责保障常用表达

1. 明确责任分工/压实各方责任。

2. □□□□□□对□□□□□□负总责，要提高站位、加强领导。明确□□、□□、□□等各有关部门的具体责任，按照本方案确定的内容，结合实际制订具体工作方案。

3. □□□□□□要做好对□□□□□□工作计划进展的监督管理工作，检查验收任务措施实施情况。

4. □□□□□□按照职责分工严格履行□□□□□□责任，加强工作协同联动。

5. 对不履行□□□□□□责任或□□□□□□不到位的，依法严肃追究责任。

6. 建立□□□□□□目标责任制和考核评价制度，将□□□□□□目标完成情况作为考核评价□□□□□□班子和有关领导干部的重要参考。

（八）法治保障常用表达

1. 建立完善法律法规体系/强化法治保障。

2. 在明确□□□□□□关系的基础上，研究制定□□□□□□法律法规/政策制度，明确□□□□□□□□□□□□□□□□。

3. 涉及突破现行法律法规规章和规范性文件规定的，要按程序报批，取得授权后施行。

4. 做好现行法律法规的衔接修订工作，抓紧对现行□□□□□□法规政策进行清理，按程序提出立改废建议，推动健全法律法规体系，促进□□□□□□健康发展。

5. 统筹涉及的法律法规事项，做好与相关法律法规立改废释的衔接。

（九）监督保障常用表达

1. 强化监督考核。

2. 研究建立□□□□□□评估、通报、奖惩制度。

3. 制定□□□□□□目标责任制考核办法，建立□□□□□□评价指标体系，每□□年进行一次实施情况评估考核，考核结果列入□□□□□□绩效考核。

4．加强监督考核结果应用，对□□□□□□工作成效突出的地区、单位和个人按规定给予表彰奖励，对未完成□□□□□□的地区和部门依法依规通报批评和约谈问责。

5．各有关部门要对本方案落实情况进行跟踪分析和督促检查，及时解决实施中遇到的问题，重大问题要及时向□□□□□□请示报告。

（十）宣传保障常用表达

1．强化宣传引导/营造良好氛围/加强舆论引导。

2．各地各有关部门要加强对□□□□□□的宣传、解读，让社会各界全面准确了解□□□□□□，给□□□□□□以明确的预期，凝聚社会共识，夯实□□□□□□基础。

3．创新咨询服务方式方法，提高服务质量。

4．加强舆情监测，及时回应社会关切，为□□□□□□平稳实施创造良好的舆论环境。

5．深入开展□□□□□□科普教育，不断增强□□□□□□意识，及时了解群众思想动态，有针对性地做好解释引导，使广大群众积极支持□□□□□□工作。

6．将□□□□□□纳入□□□□□□宣传范围，充分借助广播电视、报纸杂志等传统媒体，创新利用新媒体平台，深入开展宣传报道。

第三十二章 简报

第一节 共性模板

模板 1（工作简报）

□□□□□□□□□□□（注：简报标题，相关表述可借鉴本章"常见套件及高频词句"）

□□□□□□□□□□□□是□□□□□□□□□□，□□□□□□□□□□□。（注：背景意义或者目标要求，此部分可根据实际情况省略）□□□□□□牢记□□□□□□，全面落实□□□□□□决策部署，聚焦□□□□□□，瞄准□□□□□□，举□□□□□□之力打赢□□□□□□。（注：采取的措施，相关表述可借鉴本章"常见套件及高频词句"）□□□□□□□□□□□□□。（注：取得的主要成绩，相关表述可借鉴本章"常见套件及高频词句"）

一、□□□□□□。□□□□□□□□□□。

二、□□□□□□。□□□□□□□□□□。

三、□□□□□□。□□□□□□□□□□。

……

（注：简报正文一级标题，相关表述可借鉴本章"常见套件及高频词句"）

模板 2（经验简报）

□□□□□□的典型经验

编者按：今年以来，全省各地坚持□□□□□□，在□□□□□□

探索创新、亮点频现、成效显著，为□□□□□□□□□□。本期选取汇编了□□□、□□□、□□□等□□个县市区的典型经验做法，供大家学习借鉴。

……

模板3（会议简报）

□□□□□召开□□□□□□会议/
□□□□□□□□□□□□（注：会议标题或者主要内容）

□□月□□日，□□□□□□召开□□□□□□会议，学习贯彻□□□□□□工作的重要指示精神，按照□□□□□□部署要求，总结□□□□□□工作，研究部署当前和今后一个时期□□□□□□工作。□□□□□□主持会议并讲话，□□□□□□出席会议并讲话。□□□□□□、□□□□□□、□□□□□□出席会议。□□□□□□、□□□□□□、□□□□□□参加会议。

会议听取了□□同志传达的□□□□□□会议主要精神；听取了□□同志汇报的□□□□□□工作情况；审议通过了《□□□□□□》《□□□□□□》等□□个文件。

会议指出/□□同志强调，□□□□□□□□□□。

会议强调/□□同志强调，□□□□□□□□□□。

大家一致认为/□□同志在充分肯定□□□□□□工作取得的优异成绩后强调，□□□□□□□□□□。

模板4（转发讲话简报）

编者按：□□□□年□□月□□日，□□□□□□□会议召开。会议以□□□□□□为指导，落实□□□□□□决策部署，总结□□□□□□工作，部署□□□□□□工作，动员□□□□□□，推动□□

□□□□工作再上新台阶。□□□□□□同志出席会议并讲话，□□□□□□、□□□□□□、□□□□□□出席会议。（注：交代讲话背景）

现将□□□□□同志讲话印发，请各地□□□□□□工作部门、□□□□□□单位认真学习领会，并于□□月□□日前将落实打算报□□□□□□，具体落实情况随时报送。

统一思想　凝聚共识
全力开创□□□□□□工作新局面
——在□□□□年全省□□□□会议上的讲话
□□□
（□□□□年□□月□□日）

（注：讲话内容）

模板5（转发文件简报）

编者按：□□□□□□□□□□□□□□□□。（注：文件出台背景意义，可省略）□□月□□日，□□□□□□（注：文件出台单位）制定出台了《□□□□□□》。该办法的出台□□□□□□。（注：出台文件目的）

该文件在□□□□□□、□□□□□□、□□□□□□等方面进行了规范（注：文件内容），进一步提升了□□□□□□，有利于形成□□□□□□。（注：文件作用）现全文刊发如下：

□□□□□□□□□□□□□（注：文件标题）

……（文件内容）

第二节 常见套件及高频词句

（一）主标题常用结构

简报主标题结构一般分为两类，一类包含副标题，比如，□□□□□全力打造靓丽的□□□□□（主题）——□□□□□□等项目实施三年行动计划（副题）；一类不包含副标题，比如，□□□□□多措并举破解□□□□□。

（二）标题形式常用表达

1. 纯数字类

□□□"123"模式建好□□□□□。（主题）

一个□□□。（一级标题）

二种□□□。（一级标题）

三条□□□。（一级标题）

□□□运用"345"工作法，□□□□□。（主题）

高位推动，构建"三重保障"。（一级标题）

聚焦标准，抓住"四个重点"。（一级标题）

密切协作，严把"五道关口"。（一级标题）

坚持"三个三"让□□□□□□□□/"三个三"举措巩固提升□□□□□□质效。（主题）

"三个过硬"，突出□□□□□。（一级标题）

"三个认可"，彰显□□□□□。（一级标题）

"三个倾斜"，鲜明□□□□□。（一级标题）

健全"三大体系"，□□□□□。（一级标题）

扭住"三个关键"，□□□□□。（一级标题）

做好"三道试题"，□□□□□。（一级标题）

建立"三项机制"着力□□□□□。(一级标题)
突出"三项重点"着力□□□□□。(一级标题)
强化"三个落实"着力□□□□□。(一级标题)

其他常见的纯数字标题结构
百个□□□□□,筑牢□□□□□。(一级标题)
千名□□□□□,锻造□□□□□。(一级标题)
万名□□□□□,凝聚□□□□□。(一级标题)

2. "数字+动词"
□□□以"四个坚持"为抓手,助力□□□。(主题)
坚持高位推动,□□□□□。(一级标题)
坚持做强做优,□□□□□。(一级标题)
坚持落细落实,□□□□□。(一级标题)
坚持突出重点,□□□□□。(一级标题)

□□□采取"五抓法",促进□□□□□。(主题)
抓全覆盖发动,□□□□□。(一级标题)
抓全服务保障,□□□□□。(一级标题)
抓……

□□□巧用"五力",□□□□□□显实效。(主题)
在□□□上借力,打造□□□。(一级标题)
在□□□上发力,畅通□□□。(一级标题)
在□□□上用力,探索□□□。(一级标题)
在□□□上注力,实现□□□。(一级标题)
在□□□上着力,筑牢□□□。(一级标题)

□□□坚持"四个强化",扎实推进□□□。(主题)

强化组织保障,□□□□□。(一级标题)

强化力量整合,□□□□□。(一级标题)

强化……

3. "数字+副词"

□□□着力"五个精准",谱写□□□新篇章。(主题)

精准掌握□□□□□,□□□□□。(一级标题)

精准提升□□□□□,□□□□□。(一级标题)

精准推进□□□□□,□□□□□。(一级标题)

精准发力□□□□□,□□□□□。(一级标题)

精准施策□□□□□,□□□□□。(一级标题)

4. "数字+名词"

□□□打造"四支队伍",助力□□□。(主题)

留下一支□□□的工作队,□□□□□。(一级标题)

锻造一支□□□的战斗队,□□□□□。(一级标题)

培养一支□□□的宣教队,□□□□□。(一级标题)

建设一支□□□的帮销队,□□□□□。(一级标题)

□□□"五大板块"实现□□□□□。(主题)

强化服务理念,做优□□□□□板块。(一级标题)

强化优势互补,做强□□□□□板块。(一级标题)

强化产业优势,做全□□□□□板块。(一级标题)

建立"五项机制",搭建□□□。(主题)

建立精准识别机制,□□□□□。(一级标题)

建立日常监测机制,□□□□□。(一级标题)

建立……

5. 特殊符号类

□□□巧用"3+模式",为□□□□□。(主题)

"带培"+"带路",以□□□优化□□□。(一级标题)
"产业"+"产能",以□□□构筑□□□。(一级标题)
"保障"+"导向",以□□□涵养□□□。(一级标题)

其他:"交通+新村"夯基础/"公司+农户"促增收/"文化+记忆"添韵味/"准确摸排+分类建账"/"技能培训+思想引导"/"市场需求+政府服务"/"就业扶贫+产业发展"/"政策激励+精神鼓励"/"宣讲+研讨"/"宣讲+座谈"/"宣讲+故事"。

6. 单字类

□□□念好"三字诀",破解□□□难题。(主题)
谋划部署"早",搭好□□□□□□。(一级标题)
分类施策"帮",促进□□□□□□。(一级标题)
压实责任"留",深化□□□□□□。(一级标题)

□□□聚力"补、防、堵" 持续推进□□□。(主题)
健全制度机制,在"补"短板上下功夫。(一级标题)
强化安全管理,在"防"风险上下功夫。(一级标题)
完善监管体系,在"堵"漏洞上下功夫。(一级标题)

坚持□□为"先",□□□□□同步提升。(一级标题)
坚持□□为"本",□□□□□深度融合。(一级标题)
坚持□□为"重",□□□□□互补并重。(一级标题)
坚持□□为"要",□□□□□协调兼顾。(一级标题)

突出一个"好"字,做到□□□□□□。(一级标题)
突出一个"快"字,做到□□□□□□。(一级标题)
突出一个"细"字,做到□□□□□□。(一级标题)
突出一个"严"字,做到□□□□□□。(一级标题)

坚持□□□为"先",激发□□□。(一级标题)
坚持□□□为"绳",引领□□□。(一级标题)
坚持□□□为"基",发动□□□。(一级标题)

筑好"巢",确保□□□□□□。(一级标题)
建好"桥",确保□□□□□□。(一级标题)
铺好"路",确保□□□□□□。(一级标题)

7. 形象生动类

当好"勤务员",□□□□□□。(一级标题)
当好"办事员",□□□□□□。(一级标题)
当好"服务员",□□□□□□。(一级标题)

□□□做好"三篇文章",扎实推进□□□。(主题)
□□□□□□,做好□□□"品质文章"。(一级标题)
□□□□□□,做好□□□"销售文章"。(一级标题)
□□□□□□,做好□□□"品牌文章"。(一级标题)

画出最大"同心圆"聚力决战脱贫攻坚。(主题)
围绕□□□,奏响□□□"协奏曲"。(一级标题)
发挥□□□,奔赴□□□"主战场"。(一级标题)
落实□□□,绘就□□□"责任图"。(一级标题)

建□□□□□"高速路"。(一级标题)
搭□□□□□"大平台"。(一级标题)
织□□□□□"销售网"。(一级标题)

□□□增收,提升"造血"能力。(一级标题)
扩大□□□,增强"补血"能力。(一级标题)

第三十二章 简报

□□□创新，发挥"活血"能力。（一级标题）

凝心聚力，形成□□□"大合力"。（一级标题）
强基补缺，治愈□□□"先天病"。（一级标题）
以□□□，攻克□□□"剩余矛盾"。（一级标题）
授民以渔，探索□□□"长久之策"。（一级标题）

建强组织，筑牢□□□"桥头堡"。（一级标题）
育好队伍，夯实□□□"生力军"。（一级标题）
抓实考评，提升□□□"助推力"。（一级标题）

充分发挥□□□"发动机"作用。（一级标题）
充分发挥□□□"稳定器"作用。（一级标题）
充分发挥□□□"主人翁"作用。（一级标题）

构建□□□，织密□□□"防护网"。（一级标题）
实施□□□，提升□□□"幸福感"。（一级标题）
推进□□□，改善□□□"硬环境"。（一级标题）
开展□□□，增强□□□"软实力"。（一级标题）

精准滴灌，凝聚合力"破坚冰"。（一级标题）
紧盯难点，因区施策"通阻滞"。（一级标题）
固本强基，提质增效"促奔康"。（一级标题）

创新引育机制，"固巢养凤"。（一级标题）
坚持精准匹配，"引凤还巢"。（一级标题）
激发创新活力，"百凤斗艳"。（一级标题）

8. 群众喜闻乐见类

坚决践行"□□□□□"承诺。（主题）

主动担当强管理，消除□□□"空白区"。（一级标题）

建靓新村夯基础，建成□□□"新家园"。（一级标题）

9. 对比使用类

创新"三变"模式，推进□□□□□□。（主题）

变□□□为□□□，突出□□□。（一级标题）

变□□□为□□□，突出□□□。（一级标题）

变□□□为□□□，突出□□□。（一级标题）

□□□实现"五个转变"打造□□□。（主题）

□□□由□□□向□□□转变。（一级标题）

□□□由□□□向□□□转变。（一级标题）

□□□由□□□向□□□转变。（一级标题）

与时间赛跑，抓早抓主动。

与短板较量，抓实抓细致。

与作风较真，抓严抓长远。

（三）标题措施常用表达

简报各类标题常用模式是"□□□□□（措施）+□□□□□"（成果），下面是措施常用表达方式：

拼音 B 开头：保生态/保稳定；

拼音 C 开头：促转型/促改革/促民生/促开放/促和谐/出政策/创造新作为/成为新引擎/出现新形式/唱好主角戏/唱好重头戏；

拼音 D 开头：打基础/搭平台/打好大局牌/打好感情牌/打好优势牌/打好机制牌/打好服务牌/打好公益牌/打好组合拳/打好精准牌/打好主动仗/打好铁算盘/当好情报兵/当好侦察兵/当好尖刀兵/当好勤务兵；

拼音 F 开头：防风险；

拼音 G 开头：固根本/攻坚破难/共建共享/共建小康/勾勒新路径/耕耘新动能/构建新格局/管好责任田；

拼音 H 开头：惠民生/绘就新蓝图/画好同心圆；

拼音 J 开头：建机制/建制度/激活力/坚守底线/聚力转型/就业优先/建功新时代/树立新理念/聚焦新目标/激荡新气象；

拼音 K 开头：科学赶超/开启新征程/开启新纪元/开创新未来；

拼音 L 开头：落实新部署/练好基本功/立好军令状/拉高标杆争进位；

拼音 M 开头：谋长远/谋划新格局/迈向新时代/迈进新时代；

拼音 N 开头：凝心聚力/念好日常经/内育外引共发力；

拼音 P 开头：铺展新画卷/跑出新速度；

拼音 Q 开头：强龙头/强治理/强平台/强三农/求突破/强基固本/抢抓新机遇/签好责任书/全力以赴抓项目/旗帜鲜明抓落实；

拼音 R 开头：融城带乡；

拼音 S 开头：施法治/树形象/适应新时代/守文化沃土/上下联动齐推进/身先士卒抓落实；

拼音 T 开头：调结构/提质效/提档升级/统筹发展/踏上新征程/推动新跨越/弹好多重奏/提振信心挖潜力/统揽全局抓协调；

拼音 W 开头：稳增长/稳中求进/旺旅兴工；

拼音 X 开头：项目带动/协调发展/形成新机制/续写新篇章/下好先手棋；

拼音 Y 开头：优服务/优规划/援企稳岗/引领新潮流/引来新投资；

拼音 Z 开头：抓治理/抓延伸/抓创新/抓改革/抓生态/重建管/重保护/筑平台/转作风/追赶跨越/重教治贫/助力融资/走出新天地/占领新阵地。

第三节 老秘心得

简报是机关向上级反映情况或下级、同级机关沟通情况的简短书面报告。好的简报有四个特点："简""亮""实""新"。

所谓"简",主要指简报篇幅短,一般不超过2000字,一页至两页纸信息,一目了然。

所谓"亮",意思是简报简约但不简单,写文章时我们常说写好标题就等于写好了一半,虽有些夸大,但对简报来说一点也不为过。写简报一定要在标题上下苦功夫,要第一时间吸引读者的眼球,引起阅读兴趣。这就要求简报标题,尤其是一二级标题要高度凝练概括,形成亮点。

所谓"实",就是指内容充实。简报要数据翔实、事例精准。

所谓"新",就是指简报有较强的时效性,不但要求东西新、内容新,还要求报送及时。

在具体撰写过程中,工作简报、经验简报、会议简报等,一般开头需用简洁的语言,提纲挈领地对全文进行概括。也可以用"结论式"写法把结论写在前面。如果是转发式简报,开头应加编者按,对所转的文稿进行提示、评论、阐发或补充说明。"编者按"一般多用商量、探讨、期望的语气。一般简报正文篇幅较短,可一气呵成。如果篇幅较长,可采用标题、序号等方式展开。结尾一般较短,简要概括全文,或指出事物的发展趋势,或发出号召、提出打算等;也可以不要结尾。

第三十三章 工作总结

第一节 共性模板

模板 1

□□□□□（部门、单位或者议事协调机构名称）
□□□□年□□□□□□□□□□□工作总结

□□□□年，□□□□□□以□□□□□□思想/理念为指导，在□□□□□□的正确领导下，在□□□□□□的有力指导下，紧紧围绕□□□□□□工作目标/核心任务，□□□□□□□□□□□□□□□，（**注**：此处高度概括工作举措）□□□□□□□工作实现了高质量发展，取得了明显成效。（**注**：帽段是对工作的总体概括，十分重要，相关表述、写法可借鉴本章"常见套件及高频词句"）现将主要情况总结如下。（**注**：此为过渡句，可省略）

一、□□□□□□□□□□□□□□□□□□。
二、□□□□□□□□□□□□□□□□□□。
三、□□□□□□□□□□□□□□□□□□。
……

去年的工作虽然取得一定成绩，但对比□□□□□□，还有一定差距。主要是，□□□□□□；□□□□□□；□□□□□□。（**注**：简写工作中存在的问题，相关表述可借鉴本章"常见套件及高频词句"）

下一步，我们将□□□□□□□□□□□□□□□□□；□□□□□□□□□□□□□□□□；□□□□□□□□□□□□

□□□□□。（注：下一步工作打算，相关表述可借鉴本章"常见套件及高频词句"）

模板 2

□□□□□□（部门、单位或者议事协调机构名称）
□□□□年□□□□□□□□□□工作总结

□□□□年，□□□□□□认真贯彻□□□□□□思想，按照□□□□□□要求，坚持□□□□□□，顺利完成了年初各项工作目标。

经济保持平稳增长。□□□□□□□□□□。

人民生活水平显著提升。□□□□□□□□□□。

（注：此部分为主要成绩列举）

围绕贯彻□□□□□□决策部署，□□□□□□主要采取了以下措施：

一、□□□□□□□□□□□□□□□□。

二、□□□□□□□□□□□□□□□□。

三、□□□□□□□□□□□□□□□□。

（注：此为采取的措施，可以像模板1那样，将成绩和措施部分写到一起）

去年的工作虽然取得了一定成绩，但□□□□□□□□□□□□□□□。（注：存在问题）为□□□□□□□□□□□，我们将□□□□□□□□□□□□□□□□□。（注：下一步打算）

第二节 常见套件及高频词句

（一）帽段常用表达

各项□□□□□□工作目标基本/顺利/圆满完成。（注：此句话结束之后，可以另起一段写具体内容，就像模板1中提到的一

样，也可以把最具有代表性、最亮眼的成绩在帽段中列出，让人过目难忘）

1. 在量上取胜

截至□□月底，全□各级□□□□□□部门和□□□□□□共办理□□□□□□事项□□万余件，其中网上办件□□万余件。

累计收缴□□□□亿元，发放贷款□□□□亿元，实现增值收益□□□□亿元。

完成□□□□□项目□□□□个，交易额□□□□亿元，节约财政性资金□□□□亿元。

□□□□项重点攻坚任务全部完成。

2. 在质上取胜

获得□□、□□□等主要领导肯定性批示□□次。

□□□、□□□给□□□□□□记集体一/二/三等功。

□□□□□□□□□□□工作获得全国第一。

□□□□□□□□□□□工作获评"优秀"等次。

□□□□□□□工作列入全国□□□□□□第一方阵。

《新闻联播》《人民日报》等省级以上媒体宣传□□□□□□经验□□余次。

跻身□□□□年度全国□□□□□□城市第□□位。

□□□□□□发布《□□□□□□》榜单，□□升至全球第□□，连续□年成为□□□□□□城市。

3. 在举办重大事件方面取胜

全国□□□□□□现场会在我□召开。

全国□□□□□□会议推广我□经验。

连续获批□□□□□□国家试点。

4. 通过对比取胜

新登记市场主体□□万余户，同比/预计增长□□%。

□□□□□□工作排名较上年提升□□个位次，高于全国、全省平均水平。

面对□□□□□□□□□□的困难局面，多措并举推动□□□□□□□□□□复苏振兴。

□□□□□□更多了，□□□□□□更少了，□□□□□□更快了，□□□□□□更安全了。

（二）主要以程度形容词/副词总结常用表达

1. 突出"新"字

城市颜值焕发"新风采"/城市运行增添"新成色"/温馨服务成为"新常态"。

在改善城市功能品质上实现新提升/在加快迈向住有宜居上打开新局面/在推动行业健康发展上取得新成效。其他相关表述还有：

实现新提升/实现新跨越/实现新突破/实现新成效/实现新发展/实现新改善/取得新成绩/呈现新气象/形成新骨架/汇聚新动能/展示新风貌/展现新风采/开创新局面/迈上新台阶/迈出新步伐/收获新成效/达到新高度/创造新辉煌/谱写新篇章/获得新提升/发生新变化/又有新提升/开启新征程。

2. 突出"更"字

办实事惠民生，□□给□□带来更多获得感/夺□□创一流，□□给□□增添更多光彩/彰时尚显魅力，□□给□□注入更多活力。其他相关表述还有：

更加完善/更加凸显/更加巩固/更加彰显/更趋稳健/更具活力/更快提升/更趋完备/更趋协调/更趋合理/更为坚实/更具活力/更多增进/决心更坚定/思想更明确/方向更清晰/脚步更有力。

3. 突出"最"字

跃升最快/效果最显/变化最新/受益最广/投入最多/发展最好/成效最优/成果最丰/推进最实/力度最大。

4. 突出"不断"

不断深化/不断壮大/不断增强/不断坚定/不断完善/不断彰显/不

断涌现/不断扩大/不断明晰/不断健全/不断规范/不断集聚/不断清晰。

5. 突出"持续"

持续改善/持续壮大/持续向好/持续发展/持续完善/持续深化/持续增强/持续提升/持续加大/持续加强/持续优化/持续释放/持续繁荣/持续放大。

6. 突出"明显"

明显提升/明显提质/明显增强/明显加强/明显好转/明显进步/明显改善/明显推进/明显改观/明显优化/明显加快。

7. 突出"显著"

显著增强/显著改观/显著提升/显著加大/显著改善/显著增进/显著完善/显著减少。

8. 突出"全面"

全面加强/全面提升/全面实施/全面扩大/全面深化/全面进步/全面推进/全面展开/全面增强/全面增进。

9. 突出"稳步"

稳步提升/稳步推进/稳步增长/稳步实施/稳妥推进/稳定增长/稳速保位/稳速升位。

（三）主要以动词总结常用表达

突出"实"字，着力解难题/突出"新"字，着力育先机/突出"安"字，着力守底线。

聚焦一个"少"字，让办事越来越方便/聚焦一个"快"字，让办事越来越快捷/聚焦一个"好"字，让办事越来越顺心。

立足□□□□□均衡，全力推进扩优提质行动/立足□□□□□发展，稳步提升□□□□质量/立足□□□□□□□生态，切实抓好□□□□落实。

（四）以比喻、拟人等方式总结常用表达

拼音A开头：按下落地"快进键"/安装"加压泵"；

拼音B开头：把握"兴奋点"/把握"落脚点"/不越"临界点"/

步入"快车道";

拼音 C 开头：常用"消毒液";

拼音 D 开头：当好人民"服务员"/打好监管"组合拳"/打造"后花园"/当好"参谋部"/打响"攻坚战"/打好"歼灭战"/堵严"风险点"/打造"梦工场"/打造"突击队"/打造"敢死队"/答好"必答题"/打造"强引擎"/打造"强磁场"/打通"肠梗阻"/打开"卷帘门"/打破"玻璃门"/当好"服务部";

拼音 G 开头：构建保障"安全网"/构筑"高速路";

拼音 H 开头：夯实增长"压舱石";

拼音 J 开头：激活发展"新引擎"/架起便民利民"暖心桥"/集思广益"绘蓝图"/决胜"收官战"/建成"尖刀排"/建好"俱乐部"/叫停"旋转门"/建强"指挥部"/建起"高架桥";

拼音 K 开头：开办"训练营"/开辟"聚集地";

拼音 L 开头：立足"支撑点";

拼音 P 开头：跑出"加速度";

拼音 Q 开头：牵住创新"牛鼻子"/抢抓发展"新风口";

拼音 S 开头：锁定"靶向点"/守住"分界点"/善做"选择题"/上好"助推器";

拼音 W 开头：稳住"基本盘"/挖掘"闪光点";

拼音 Y 开头：用好"冲击钻"/优化产业"生态圈"/用好城市绿化"绣花针"/用好"参谋部";

拼音 Z 开头：做好"植绿添彩"文章/做好"增绿提质"文章/做好"管绿为民"文章/做好"用绿惠民"文章/壮大财政资金池/争当城区增绿"先行者"/织密森林安全"防火网"/筑牢群众"幸福线"/找准"引爆点"/争做"排头兵"/组建"生力军"/增加"血小板"。

（五）以对比等方式总结常用表达

稳中有进/稳中有升/稳中有变/稳中向好/稳中优化/稳中突破/稳中提质/从小到大/从弱到强/从有到优。

（六）单字成果常用表达

"稳"是关键词/"优"是最强音/"活"是大亮点/运行"稳"/动能"新"/结构"优"/效益"好"/"稳"的态势在持续/"进"的力度在加大/"新"的动能在成长/"好"的因素在累积/"稳"的格局在巩固/"进"的走向在延续/"好"的态势更明显/"稳"的基础牢固/"进"的动能集聚。

（七）其他比较好的总结常用表达

办好□□□□□事/答好"□□□□□卷"/做好□□□□□文章。

（八）存在问题常用表达

1．一年来，虽然在工作中取得一些成绩，但与□□□□□对□□□□□□的向往还有不小的差距，如□□□□□□；□□。

2．回顾一年来的工作，虽然取得了一定成效，但离□□□□□□群众的期待和□□□□□□的要求还有一定差距。一是□□□□□□；二是□□□□□□；三是□□□□□□。

3．回顾全年工作，成绩固然显著，不足还要改进，例如，□□□□□；□□□□□□□；等等。

4．□□□□□□工作虽然取得一定成效，但□□□□□□发展仍不平衡不充分，□□□□□□需进一步增强，□□□□□□与群众需求存在差距。

5．在看到成绩的同时，我们也清醒地认识到，□□□□□□仍然面临一些亟待解决的问题：□□□□□□；□□□□□□；□□□□。

6．尽管取得一定成绩，但我们也认识到，与□□□□□□相比，与□□□□□□期望相比，我们的工作还存在一些不足，□□□□□□。

（九）下步打算常用表达

1．在新的一年，□□□□□□将紧扣□□□□□□这条主线，

□□□□□□□□□□□，推动实现□□□□□□□□□□□高质量发展再上新台阶。

2．下一步，我们将认真贯彻□□□□□□□□□□重要指示精神，以□□□□□需求为导向，□□□□□□□□□□，为□□□□□□□□□贡献□□□□□□力量。

第三节 老秘心得

总结是对过去情况进行梳理、汇总，从而归纳出经验、做法，找出问题，明确下一步努力方向。写总结主要注意三个方面问题：

一是要突出重点。总结不是简单叙事，要选择大事、要事来写，千万别写成流水账。

二是要突出亮点。要善于发现以前没有过的新事，总结出以前没有总结出来的经验。

三是要结构清楚。总结要结构清晰严谨，使人容易理解。

四是要注意格式。总结开头没有报送对象，结尾没有落款。一般印发通知时，可以在前面加一个关于印发《□□□□□□工作总结》的通知。其主要内容是，"将□□□□□□工作总结印发给你们，请结合实际认真学习领会"，注意这个地方一般不是贯彻落实，总结一般要求类的内容比较少。

第三十四章　工作要点

第一节　共性模板

模板 1

□□□□□□（部门、单位或者议事协调机构名称）
□□□□年□□□□□□工作要点

　　□□□□年是□□□□□□之年，□□□□□□□□□□□。（**注**：交待工作开展背景情况，相关表述可借鉴本章"常见套件及高频词句"）□□□□□□工作总体要求/指导思想是，□□□□□□，□□□□□□，□□□□□□，□□□□□□。主要目标是，□□□□□□，□□□□□□，□□□□□□，□□□□□□。（**注**：总体要求和主要目标可合并写，相关表述可借鉴本章"常见套件及高频词句"）现制定工作要点如下。

　　一、□□□□□□□□□□□□
　　（一）□□□□□□。
　　（二）□□□□□□。
　　（三）□□□□□□。
　　……

　　二、□□□□□□□□□□□□
　　（一）□□□□□□。
　　（二）□□□□□□。
　　（三）□□□□□□。

……

三、□□□□□□□□□□□

（注：以上是工作举措）

模板 2

□□□□□□□□□□
□□□□年□□□□□□工作要点

　　□□□□□□工作总体要求是，□□□□□□，□□□□□□，□□□□□□，□□□□□□。

　　一、□□□□□□□□□□□

　　（一）□□□□□□。

　　（二）□□□□□□。

　　（三）□□□□□□。

　　……

　　二、□□□□□□□□□□□

　　（一）□□□□□□。

　　（二）□□□□□□。

　　（三）□□□□□□。

　　……

　　三、□□□□□□□□□□□

　　……

模板 3

□□□□□□□□□□
□□□□年□□□□□□工作要点

　　为□□□□□□，着力□□□□□□，着力□□□□□□，根据

《□□□□□□□□□□》，制定本工作要点。

一、□□□□□□□□□□

1. □□□□□□。

目标任务：□□□□□□□□□□□□□□□。

工作措施：□□□□□□□□□□□□□□□。

2. □□□□□□。

目标任务：□□□□□□□□□□□□□□□。

工作措施：□□□□□□□□□□□□□□□。

……

二、□□□□□□□□□□

1. □□□□□□。

目标任务：□□□□□□□□□□□□□□□。

工作措施：□□□□□□□□□□□□□□□。

2. □□□□□□。

目标任务：□□□□□□□□□□□□□□□。

工作措施：□□□□□□□□□□□□□□□。

……

三、□□□□□□□□□□

第二节　常见套件及高频词句

（一）背景意义常用表达

□□□□年，是□□□□□□的重要一年/是□□□□□□的关键之年/是□□□□□□的开局之年/是□□□□□□的起步之年/是□□□□□□的收官之年/是推进□□□□□□改革的攻坚之年/是□□□□□□会议的召开之年/是□□□□□□中具有特殊重要意义的一年。

（二）总体要求常用表达

1. □□□□年□□□□□□工作的总体要求是：以□□□□□□为指导，深入学习贯彻□□□□□□会议精神，坚持□□□□□□工作总基调，完整、准确、全面贯彻□□□□□，落实□□□□□任务，着力□□□□□□□□□□□□□□□□□□□，以实际行动迎接□□□□□召开/推进□□□□□□□□□□□□□□□□□□治理体系和治理能力现代化，为建设□□□□□□□□□□□□□□□□□□□□□□□开好局、起好步，以优异成绩庆祝□□□□□□周年。

2．紧紧围绕□□□□□中心工作，聚焦□□□□□需求，将深化□□□□□要求融入□□□□□中，推动□□□□□提升，助力□□□□□持续健康发展，以实际行动迎接□□□□□召开/助力□□□□□开好局起好步。

3．坚持以□□□□□为中心的发展思想，精准落实□□□□□□的各项决策部署，全面提升□□□□□质量和实效，□□□□□□，更好发挥□□□□□在推进国家治理体系和治理能力现代化中的作用。

4．紧紧围绕□□□□□，深入贯彻《□□□□□》有关要求，细化□□□□□工作任务，加大□□□□□力度，□□□□□□□□□□，为□□□□□提供有力支撑。

5．□□□□年，□□□□□系统要贯彻落实□□□□□精神，坚定不移抓好□□□□□，全力以赴推动□□□□□，持之以恒推进□□□□□，多措并举扩大□□□□□，更好融入□□□□□□，奋力谱写□□□□□□□□□□新篇章。

（三）采取措施常用表达

拼音 B 开头：办好/不断促进/不断改善提高；

拼音 C 开头：促进/创新/倡导/策划/持续推进/持续抓好/充分发挥/创新开展；

拼音 D 开头：兜牢/打造/督促落实/大力发展/大力倡树/大力倡导；

拼音 F 开头：防范/发挥作用/丰富完善；

拼音 G 开头：规范/鼓励/改进/改善/构建体系/公平配置/关心支持/

巩固和拓展；

拼音 H 开头：狠抓/毫不放松抓好；

拼音 J 开头：加快/建设/加强/健全/建强/加快推进/加快构建/加快发展/加快普及/积极回应/积极推进/加大投入/坚决打好/坚决破除/健全完善/建立健全/加强和改进/坚持和加强/进一步提升/进一步健全/进一步规范/进一步深化/进一步拓展/积极稳妥推进/坚定不移推进；

拼音 K 开头：扩大/开展/恪守/科学编制；

拼音 L 开头：落实/落实和完善；

拼音 N 开头：努力锻造；

拼音 Q 开头：确保/强化/全面推进/全面推动/全面提升/全面夯实/全力做好/切实减轻/切实加强；

拼音 S 开头：实施/深入推进/深入实施；

拼音 T 开头：提升/推动/推进/探索/统筹推进/突出做好/探索建立；

拼音 W 开头：完善/完成/稳步推进/完善机制/维护稳定；

拼音 X 开头：系统推进/协调推进/掀起热潮；

拼音 Y 开头：优化/用好/用心打造/依法保障/依法规范/依法健全/营造环境/压紧压实/优化提升；

拼音 Z 开头：增强/整合/支持/注重/争创/做强/铸造/扎实推进/纵深推进/着力推进/重点做好/主动做好/抓紧抓实/着力培育/支持和规范。

加快□□□□□线上线下融合发展/推进□□□□□办事服务公开/提升□□□□□服务能力。

全面推行主动公开□□□□□□制度/建立健全□□□□□□信息公开制度/依法规范依申请公开工作/积极回应社会关切/主动做好政策解读/协调推进□□□□□□建设/着力培育□□增长点。

第三节　老秘心得

工作要点是对今后一段时间工作的计划安排，多用于领导机关对下属单位布置工作和交代任务。拟写时主要注意以下几个方面：

（一）要注意重点突出

工作要点就是要写工作内容的重要方面，切记不要面面俱到，让人把握不住重点。做到重点突出，除了内容要进行认真筛选之外，还要在文章结构层次上下功夫，重大事情要尽量在标题中显现出来。

（二）要注意可操作性

要点就是要求下级机关怎么干，因此工作目标要可实现，务实不务虚，不能说了半天，别人不知道要做什么。

（三）注意要点格式

工作要点没有抬头和落款，印发工作要点时，一般要在前面附一个通知，这点同总结要求相似，具体内容略有差别。要点通知内容一般为"《□□□□年□□□□□□系统□□□□□□工作要点》已经□□□□□□同意，现印发给你们，请认真贯彻执行。"注意要点本身就是要求下级贯彻执行的，但是工作总结一般没有贯彻执行内容，只是要求下级学习领会。在具体行文过程中，工作要点句式一般为"要□□□□□□"。但是如果通篇全是这种句子，文章单调乏味，一般会在后面加预期效果或者意义。

第三十五章　新闻时评

第一节　共性模板

模板1

□□□□□□□□□□□（注：标题，具体可参照本章"常见套件及高频词句"）

□□□□□□□□□□；□□□□□□□□□□；□□□□□□□□□□；（注：列举事例，可以单个详说，也可以举几个佐证）最近一段时间，□□□□□□□□□□□□□□□□□。（注：提出观点）

□□□□□□□□□□□□□□□□□□□□。（注：背景介绍，具体可参照本章"常见套件及高频词句"）

□□□□□□□□□□□□□□□□□□□□。（注：原因分析，具体可参照本章"常见套件及高频词句"）

□□□□□□□□□□□□□□□□□□□□。（注：相关法律政策，具体可参照本章"常见套件及高频词句"）

□□□□□□□□□□□□□□□□□□□□。（注：建议措施，具体可参照本章"常见套件及高频词句"）

……

□□□□□□□□□□□□□□□□□□□□。（注：结尾，具体可参照本章"常见套件及高频词句"）

模板 2

□□□□□，□□□□□

近期，□□□□□□□□□□□□□，□□□□□□□□□□□□□。（注：列举事例）□□□□□□□□□□□□□□□□□□。（注：提出观点）□□□□□□□□□□□□□□□□□。（注：简要说明必要性）

措施一：□□□□□□□□□□□□□□□□□□。（注：实现观点要采取的措施）

措施二：□□□□□□□□□□□□□□□□□□。（注：实现观点要采取的措施）

措施三：□□□□□□□□□□□□□□□□□□。（注：实现观点要采取的措施）

……

□□□□□□□□□□□□□□□□□□□□□□。（注：结尾，具体可参照本章"常见套件及高频词句"）

第二节 常见套件及高频词句

（一）标题常用表达（注：本章新闻时评相关标题等例子均摘自人民日报、人民网等权威媒体刊物）

1. 陈述句式——事件＋原因

"周劼朋友圈"：折射特权思想的一面镜子。

淄博烧烤爆红，靠的是为消费者着想。

2. 陈述句式——措施+效果

畅通"网络盲道"，让更多人共享便捷生活。

擦亮"芯片"，让更多好种子破土而出。

高压正风肃纪反腐，让医疗更"干净"。

加强共治，规范算法应用发展。
加大震慑，擦亮"法治利剑"。
压实责任，筑牢"平台堤坝"。
标本兼治，涌流更多正能量。
拒绝"套路"，维护用户合法权益。
"以竹代塑"，开辟环保新赛道。
"国潮热"彰显文化创造力。

3. 祈使句式（不加副词）

培厚中医药传承创新发展的文化土壤。
以学科优化提升人才培养质量。
让专利供给和市场需求握手。
严惩网络暴力"按键伤人"。
让非遗"活化石"融入现代生活。
以信息技术助力教育高质量发展。
为乡村振兴注入文化动能。
让更多基层医生留得住、有发展。
让老字号不断焕发新生机。
推动"四好农村路"迈向高质量发展。
推动医养结合服务发展壮大。
形成稳就业的强大合力。
做好乡村市场体系建设大文章。
形成治理欠薪的强大合力。

4. 祈使句式（加副词）

与时俱进筑牢消费者权益"防火墙"。
牢牢把住粮食安全主动权。
千方百计让乡亲们腰包更鼓。
持续加强电子书版权保护。
坚决制止借"网红儿童"牟利。

5. 疑问句式

智能电视如何留住用户？

"青海 6 名干部聚餐喝酒 1 人死亡"带来怎样的警示？

（二）帽段常用表达

1. □□□□□□□□□□□□□□□□□□；□□□□□□□□□□□□□□□□□□；□□□□□□□□□□□□□□□□……近期，不少地方围绕□□□□□□推出一系列具体举措，促进□□□□□□□□。

2. □□月□□日，□□□□□□发生□□□□□事故，造成□□□□□□；□□月□□日，□□□□□□发生□□□□□事故，造成□□□□□□；□□月□□日，□□□□□□发生□□□□□事故，造成□□□□□□……近期发生的几起□□□□□事故，□□□□□□□□□□□□□□□□□。

3. 近年来，□□□□□□□□□□□□□□□□□□□。如何有效□□□□□□□□□□□□□□□□□，成为一道现实课题。

4. 随着□□□□□□日渐普及，□□□□□□不断涌现。□□□□□□□□□□。不久前，《□□□□□□□□□□□□》显示，□□□□□□□□□□□等问题，□□□□□□□□□□亟待加强规范引导。

（三）介绍社会背景切入常用表达

1. 我国有□□□□□□□□□□□□。数据显示，□□□□□□□□□□□□□□□□□□□□□。但总体看，□□□□□□□□□□□□□。

2. □□□□□□□报告提出："□□□□□□□□□□□□。"近年来□□□□□□□不断加大对□□□□□□投入，□□□□□□□都有了明显改善。□□□□□□数据显示，□□□□□□□□□□□。不过由于种种原因，□□□□□□□□□□□□□□□。

（四）引用他人观点或者事例切入常用表达

1. 近来不少荒唐乱象，都能看到□□□□□□□□□；□□□□□□□□□□；□□□□□□□□□……

2. 有一种声音认为□□□□□□□□/有网友认为□□□□□□□□□□/或许有人会以为□□□□□□□□。

3. 近年来，在跟□□□□□□朋友交流时，常会听到这样的感慨："□□□□□□□□□□""□□□□□□□□□□"。

（五）分析细节切入常用表达

细看通报，当天□□□□□□□□□□的更多细节，让人瞠目结舌。比如，□□□□□□□□□□；□□□□□□□□□□；□□□□□□□□□□□。

（六）原因切入常用表达

1. 为何□□□□□□□□□□事故仍频频见诸报端？□□□□□□□□□□□□□□□□□□。

2. □□□□□□□□□□□看起来普通，但能持续爆红网络，其中有偶然因素，也有必然原因。偶然因素在于□□□□□□□□□。必然原因则在于□□□□□□□□□□。但归根结底是□□□□□□□□□□/背后根本原因是□□□□□□□□□□。

（七）多主体切入常用表达

一系列腐败行为和不正之风，不仅败坏了□□□□□□□□□□口碑与形象，更让□□□□□□□□□□深恶痛绝，污浊了社会风气/除了□□□□□□□□□□，还有□□□□□□□□□□。

（八）一个主体多角度切入常用表达

如果□□□□□□□□□□，□□□□□□□□□□是受害者，而被网暴，则意味着□□□□□□□□□□成了另一个维度的受害者。□□□□□□□□□□。

（九）由浅入深切入常用表达

□□□□□□□□□□□□□，看似是□□□□□□□□□□□□，但背后实则□□□□□□□□□□□□，暴露出□□□□□□□□□□□□□□。

（十）从正/负面切入常用表达

1. 当前，□□□□□□□□□□□深入发展，□□□□□□□□□□成为□□□□□□的重要内容。同时也应看到/但与此同时，□□□□□、□□□□□、□□□□□□一定程度上依然存在。

2. □□□□□□□□□□□□，也应看到，虽然□□□□□□被有效打击治理，但一些此前被忽略或新出现的□□□□□□形式也不断浮出水面：□□□□□□□□□□□。

3. 固然/无可厚非□□□□□□□□□□□，然而/但是/可是/不过□□□□□□□□□□□□□□□。

（十一）从法律政策切入常用表达

1. □□□□□□□□□□，国家对此有明确规定，□□□□□□□□□□□□，理应在国家政策的框架下行事，□□□□□□□□□□□。

2. 在□□□□□上是否必要，法律上是否合法，道义上是否合理。

3. 任何□□□□□，都是有边界的，最起码要对法律保持敬畏之心，不能违背基本的公序良俗。

4. 从实施□□□□□□保护法，到公布《□□□□□□》，再到制定《□□□□□□》……针对□□□□□□□滥用乱象，我国先后出台并完善有关制度，加强相关领域的规范。

（十二）以采取措施切入常用表达

1. □□□□□□□□□□□，不是一道非此即彼的选择题，而是要协同共商的必答题。这离不开□□□□□□□□□□□。

2. □□□□□□□，需要/应当/应该/也应□□□□□□□□□□□。

3. □□□□□□□□□□□，一方面，□□□□□□□□□□□□；另一方面，□□□□□□□□□□□。

(十三)结尾常用表达

1. 概括总结式：这既是□□□□□□□□□□□，更是□□□□□□□□□□□□。

2. 展望式号召：□□□□□□□□□□□，相关□□□□□□□□□□□，必须行动起来。

(十四)部分主题经典案例

1. 公平

水至平而邪者取法，镜至明而丑者无怒。

千钧将一羽，轻重在平衡。

2. 文化

老屋"活"起来、古村"美"起来，激活文化遗产的综合价值。

一旦脚踩坚实的大地，艺术的热力将喷薄而出，能给人物形象以精神钙质。

盛世修文，丹青著史。

一杯茶，千年香，万里传，为文化多样性和文明创造力写下生动注脚。

有历史延续性的"传"，才有更具生命力的"承"，文化创新才有根基。

非物质文化遗产是中华优秀传统文化的重要组成部分，是中华文明绵延传承的生动见证，是增进民族团结、维系国家统一的重要基础。

坚持把社会效益放在首位，坚持社会效益与经济效益有机统一，不断提升作品的精神力量、文化内涵、艺术价值。

一花独放不是春，百花齐放春满园。

郁达夫曾说，"没有伟大的人物出现的民族，是世界上最可怜的生物之群；有了伟大的人物，而不知拥护、爱戴、崇仰的国家，是没有希望的奴隶之邦"。

守护历史、尊崇英烈,既是人类社会的共同选择,也是我们传承国家荣光、赓续民族精神的必由之路。

文明不仅是我们追求美好生活的高度,更是我们丈量自身行为规范的尺度。

言之无文,行而不远。

删繁就简三秋树,领异标新二月花。

凡作传世之文者,必先有可以传世之心。

3. 安全

戴头盔骑电动车,安全头等大事要从"头"做好。

安全生产要月月讲、天天讲、时时讲。

安全犹如阳光和空气,往往受益而不觉,失之则悲恸。

平安是宏大的,是国之大者、民之所盼、发展之基;没有安全这个"1",后面再多的"0"也无济于事。

4. 民生

"菜篮子"连着"菜园子",关系农民的钱袋子。

无须莳花弄草,无须修篱烹茶,无须古琴琵琶,烟火气中也有诗意与趣味,寻常事里也有千姿百态的闪光点。

始于味道,基于治理,成于口碑。

铺下的是路,连起的是心,通往的是富。

农业农村工作,说一千、道一万,增加农民收入是关键。

让夜经济更好满足消费者需求、实现高质量发展,不仅是一道经济课题,也是一道治理考题。

5. 创新

不能总是用别人的昨天来装扮自己的明天。

创新是引领发展的第一动力,保护知识产权就是保护创新。

6. 奋斗

一年之计在于春,奋斗创造奇迹。

逆水行舟，一篙不可放缓；滴水穿石，一滴不可弃滞。

波澜壮阔的实践，往往蕴藏鉴往知来的遵循。

"沟"与"坎"，左右不了事物发展的"时"与"势"。

新时代是奋斗者的时代，由每一个"我"打拼出来；新征程是追梦人的征程，由每一个"你"创造奇迹。

祀我国殇，山河无恙，逝者已矣，生者奋进。

生产延续好形势离不开季季接续、茬茬压紧、环环紧扣的辛勤耕耘。

尊重规律终成"黑马"，坚持热爱梦想开花。

自力更生是中华民族自立于世界民族之林的奋斗基点，自主创新是我们攀登世界科技高峰的必由之路。

物有甘苦，尝之者识；道有夷险，履之者知。

第三节 老秘心得

新闻时评不论是在日常工作中，还是参加考研、考公时，都是一种很有用且重要的写作类型。它是用来对时事新闻表明作者立场态度的，要求针对性强，简洁通俗。

绝大部分人对这种文章都会有这么一种感觉，那就是看到别人写出来的文章往往深以为然，觉得是这么回事，不难写，但真到自己动笔的时候，就会脑子里一团糨糊，既无处着笔，又无东西可写。这就反映两个问题，一是对新闻时评文章体例不了解，找不到评论的切入点，即下笔点。二是知识积累不够，对很多事情形不成自己的观点，或者有观点但比较模糊，论证不清楚。

"常用套件和高频词汇"主要引导大家解决"切入点"和"知识储备"问题。知识储备是一个漫长的过程，现在网络发达，相关知识可以及时有效地得到扩展，因此各个主题内容只是简单列举了一下。相对而言，本章中的"切入点"需要大家尤其注意，每遇到一个新闻时评，如果你能从以下 10 个切入点分析一番，基本上一篇文章就接成了。

一是从社会背景切入，交代事情发生在怎样的背景下。二是引用他人观点或者事例切入，用来佐证自身观点。三是从分析细节切入，对现有事例进行深入解剖，以取得更深的见解。四是从分析事情起因切入，增加论证依据。五是注重多主体切入，比如施暴者、受暴者、执法者、路人角度。六是一个主体多角度切入，比如一个案件中的施害者同时也可能是受害者，典型的案例就是网络暴力。七是学会由浅入深，逐层切入分析。八是从正/负面切入，既发现好的方面，也发现不好的方面。九是从法律政策角度切入，为论点提供强力支撑。十是以采取措施切入，注重提出意见建议，这种情况很常见。以上十个切入点会让你摆脱面对新闻时评无话可说的境地。

第三十六章　贺电（贺信）

第一节　共性模板

模板 1

贺　电
（注：对显著成绩祝贺）

□□□□□：

　　欣悉□□□□□□□□□□，（**注：**简单描述祝贺事由）我们谨代表□□□□□□表示热烈祝贺。（**注：**帽段主要写表示祝贺，相关表述可借鉴本章"常见套件及高频词句"）

　　□□□在□□□□□□上发挥出色，是□□□□□□悉心培养的结果，是□□□□□□精心指导的结果，也是□□□□□□的结果。在这次□□□□□□中，□□□弘扬了□□□□□□精神，展示了□□□□□□形象，□□□□□□为他/她感到骄傲。（**注：**重要成绩、取得过程、意义和影响，相关表述可借鉴本章"常见套件及高频词句"）

　　衷心祝愿□□□□□□□□□□，为□□□□□□贡献更大力量。（**注：**表达期望、鼓励、祝愿、邀约，相关表述可借鉴本章"常见套件及高频词句"）

□□□□□□
□□□□年□□月□□日

模板 2

□□□□□□（部门、单位或者议事协调机构名称）
关于□□□□□□活动的贺电
（注：对举办重要会议、活动祝贺）

□□□□□□：

在□□□□□□之际，我们迎来了□□□□□□。□□□□□□向□□□□□□，致以热烈的祝贺和亲切的慰问！

□□□□□□，是□□□□□□具有划时代意义的转折点，开启了□□□□□□的光明前程。从此，□□□□□□走上了团结进步发展的康庄大道。

□□年来，□□□□□□□□□□□□。□□□□□□发展进步取得巨大成就，书写了□□□□□□光辉历程和伟大成就的生动篇章！

□□年来，□□□□□□翻天覆地的巨大变化充分证明：□□□□□□□□□□□□。

让我们□□□□□□，坚定信念、锐意进取、团结一致、顽强拼搏，奋力谱写□□□□□□新篇章！

祝□□□□□□□□□□□□！

祝□□□□□□□□□□□□！

□□□□□□
□□□□年□□月□□日

第二节 常见套件及高频词句

（一）表示祝贺常用表达

1. 值此□□□□□□之际，我谨代表□□□□□□向□□□□

□□表示热烈的祝贺和诚挚的问候。

2. 欣闻/喜闻/欣悉□□□□□。在此，□□□□□向□□□□□表示热烈祝贺，向□□□□□表示亲切的慰问！

3. 在□□上下喜迎□□□□□之际，□□□□□迎来□□□□□的重要时刻/在□□□□□之际，□□□□□向□□□□，表示热烈祝贺和亲切慰问/向□□□□□，致以崇高的敬意和衷心的感谢！

（二）成绩取得过程常用表达

投身□□事业/不懈追求/勇于担当/不懈探索/艰苦创业/拼搏奋进/技压群芳/技压群雄/勇夺□牌/攻坚克难/锲而不舍/协同创新/追求卓越/勇攀高峰/砥砺奋进/不畏强手/顽强拼搏/敢于拼搏/同心同力/全力争胜/团结一心/一拼到底/永不言败/永不言弃/阳光自信/昂扬向上/自立自强/创新超越/雷厉风行/团结协作。

（三）描述成绩意义常用表达

1. 这是□□□□□的重大成果/重要标志/重要成就/令世人瞩目的辉煌业绩/重要里程碑/战略制高点/伟大壮举/具有划时代意义的转折点/具有历史转折意义/代表性/里程碑式的意义。

2. 这标志着具备□□□□□的能力/在□□领域使□□□□□技术水平提高了一大步/领先了□□年/达到了国际水平/推动跨越式发展/创造了新历史/成为□□□□□事业发展的一张靓丽名片。

3. □□□□□是□□□□□事业发展进程中的一件大事、喜事。

4. 作出系统性/突破性/历史性重要贡献。

5. 发生了翻天覆地的巨大变化/掀开了历史发展的新篇章/载入光辉史册/建立历史功勋。

6. 为祖国赢得了荣誉、为家乡增添了光彩/为□□争了光、添了彩，成绩令人振奋、精神值得点赞。

7. 具有国际/巨大/广泛/不可忽视的/举足轻重的/重要而深远的

影响力。

8. 实至名归/是对□□□□□的肯定/激励着□□□□□□不畏艰难、勇往直前。

9. 是□□□□□的结果，集中体现了□□□□□□的优良作风和宝贵品质/展现了良好的精神风貌和高超的竞技水平/充分体现了□□□□□□贯彻落实□□□□□□决策部署的鲜明态度和必胜信心，展现了□□□□□□攻坚克难的坚定信念和锲而不舍的顽强作风。

10. 六十年一甲子，筚路蓝缕、岁月峥嵘/成就来之不易，经验弥足珍贵/六十载风雨兼程，一甲子硕果累累，辉煌成就来之不易，经验弥足珍贵。□□□□□的光辉发展历程充分证明：□□□□□□，□□□□□□，□□□□□□。

11. 历史铸就辉煌，实践昭示真理：□□□□□□，□□□□□□，□□□□□□。

（四）过渡句常用表达

1. □□□□□对□□□□□工作提出了新的更高要求，在以后工作中，□□□□□□□□□。

2. 成绩取得实属不易，希望□□□□□□□□□□□□。

3. 站在新的历史起点上，希望□□□□□□□□□□。

4. □□□□□永无止境，□□□□□□任重道远。希望□□□□□□□□□□□□。

5. 新时代要有新气象，更要有新作为。让我们□□□□□□□□□□□□。

（五）提出希望常用表达

1. 希望□□□□□□以□□□□□□为指导，全面贯彻落实□□□□□□决策部署，认真践行□□□□□□，继承□□□□□□精神，持续□□□□□□，为□□□□□□作出新的更大贡献！

2. 希望□□□□□□继续发扬□□□□□□精神，再接再厉，奋勇争先，在□□□□□□夺取更加优异的成绩/希望你牢记使命，勇于担当、戒骄戒躁、再立新功/希望你们认真总结经验、发扬成绩、再鼓干劲、再添措施、再创佳绩，为□□□□□□作出新的更大贡献！

3．号召□□□□□□向□□□□□□学习，发扬□□□□□□精神，勇攀高峰，再展风采，在□□□□□□夺取更加优异的成绩！

提出希望常用词语：

立足新起点/瞄准前沿/坚定信心/真抓实干/团结一致/开拓进取/展现新作为/迈出新步伐/取得新成绩/解放思想/改革开放/凝聚力量/攻坚克难/再接再厉/乘势而上/再攀高峰/再创佳绩/再传捷报/捷报频传/逐梦前行/勇攀高峰/再展风采。

（六）表示祝愿常用表达

1．祝愿□□□□□□事业蓬勃发展！

2．祝□□□□□□各项事业蒸蒸日上！

3．祝□□□□□□各项事业繁荣昌盛！

4．祝□□□□□□人民幸福安康！

（七）发出邀约常用表达

□□□□□□合作已久，友谊源远流长。借此机会，诚挚邀请□□□□□□到□□□□□□参观指导，共商长期合作大计。

第三节 老秘心得

贺电（贺信）一般用于对某项工作取得重大成绩，或者举办某项活动表示祝贺。一般分为三个部分：

第一部分是表示祝贺。这部分要开篇明义，直截了当地表明心意，表示真诚祝贺。

第二部分是作出评价。一般会对情况进行简要概括，然后再进行恰如其分的称赞性评价。注意这里称赞一定要贴合实际，不能让人感觉过火或者肉麻。

第三部分是提希望或者祝福。这里重点要注意对象（是平级还是下级）不同，要提出不同的希望或者祝福。

第三十七章 慰问信(慰问电)

第一节 共性模板

模板1(重要节日慰问)

□□□□□□(部门、单位或者议事协调机构名称)
致□□□□□□□□□的慰问信

□□□□□□:

□□□□□□,□□□□□□。(**注**:针对不同节日使用的开篇句,可省略,相关表述可借鉴本章"常见套件及高频词句")值此□□□□□□之际,我谨代表□□□□□□,向□□□□□□致以节日慰问。(**注**:表示慰问,相关表述可借鉴本章"常见套件及高频词句")

过去一年,□□□□□□□□□□□□。(**注**:对慰问人员作出评价,相关表述可借鉴本章"常见套件及高频词句")

□□□□□□,□□□□□□。(**注**:提出希望或者发出号召过渡句,相关表述可借鉴本章"常见套件及高频词句")今年是□□□□□□□□□□□□□关键之年,是□□□□□□□□□□□,希望□□□□□□□□□□□□。(**注**:提出要求或者发出号召,相关表述可借鉴本章"常见套件及高频词句")

祝□□□□□□□□□□□□。(**注**:祝福语,相关表述可借鉴本章"常见套件及高频词句")

□□□□□□
□□□□年□□月□□日

模板 2（事故灾害慰问）

慰 问 电

□□□□□：

惊悉/获知□□□□□□□□□□□□，我谨代表□□□□□□，对□□□□□表示深切的慰问，对参加救灾的□□□□□表示崇高的敬意。（注：表示慰问）

一方有难，八方支援。□□□□□□□□□□，□□□□□□□□□□□□。（注：援助或者捐助情况）

我们相信/我们祝愿，□□□□□□□□□□。（注：表示祝福）

□□□□□
□□□□年□□月□□日

第二节 常见套件及高频词句

（一）春节慰问开篇常用表达

岁月不居，时节如流。

岁月如梭，华章日新。

岁聿云暮，转眼新年。

时光壮丽，梦想前行。

一元复始，万象更新。

天仪再始，岁律更新。

天道酬勤，日新月异。

岁序常易，华章日新。

光阴荏苒，岁物丰成。

时序更替，梦想前行。

风光胜旧，岁序更新。

律回春渐，新元肇启。
河山春满，岁月更新。
时光如斯，岁月流金。
日月不肯迟，四时相催迫。
日月开新元，天地又归春。
东风随春归，发我枝上花。
胜景随春至，佳绩创新来。
天地春晖近，日月开新元。
一元今复始，春风又一重。
律回春晖渐，万象始更新。
银鼠辞旧岁，金牛踏春来。
银猴送冬去，金鸡迎春来。
日月开新元，万象启新篇。
金牛辞旧岁，瑞虎迎新春。
金虎辞岁寒风尽，瑞兔迎春喜气来。
龙含宝珠辞旧岁，蛇吐瑞气贺新春。
狗年已展千重锦，猪岁再登百步楼。
万象更新一元始，牛转乾坤春来到。
金色年华盛世昌，新年新岁人欢畅。
戌年引导小康路，亥岁迎来锦绣春。
金马奔驰改革路，玉羊接力展宏图。
新时代宏图美如画，逢盛世江山春潮涌。

（二）教师节慰问段头常用表达

滋兰九畹，树蕙百亩。
春华秋实，桃李沁香。
百年大计，教育为本。
春华秋实，硕果累累。
秋菊溢彩，硕果盈枝。

第三十七章 慰问信（慰问电）

重教为责，兴教为荣。
教育兴盛，百业有望。
兴贤育德，贵在师儒。
恰逢中秋，双节同庆。
金秋九月，丹桂飘香。
秋菊溢彩，桃李芬芳。
年年桃李，岁岁芬芳。
春华秋实，硕果沁香。
立德树人，培根铸魂。
金秋九月，硕果满园。
十年树木，百年树人。
春华秋实，桂子飘香。
桃李芬芳，书香满窗。
金秋送爽，稻黄果香。
金秋似锦，硕果累累。
桃李满天下，春晖遍四方。
秋菊溢彩日，桃李芬芳时。
丹心育新苗，赞歌颂园丁。
春种一粒粟，秋收万颗子。
赓续百年初心，担当育人使命。
三尺讲台迎冬夏，一支粉笔写春秋。
饮其流者怀其源，学其成时念吾师。
桃李芬芳满天下，教泽绵长遍九州。
一年年斗转星移，一载载桃李芬芳。
捷报频传秋风爽，佳节适至金菊香。
国运之兴衰在于教育，教育之兴衰在于教师。
三十一载时光荏苒，金秋时节硕果飘香。
国将兴，必贵师而重傅。

教师是立教之本、兴教之源。

重视教育就是重视未来，赢得教育才能赢得未来。

教育是民族振兴、社会进步的重要基石，是功在当代、利在千秋的伟大事业。

（三）重阳节慰问老干部段头常用表达

金风送爽，丹桂飘香。

抚今追昔，饮水思源。

莫道桑榆晚，为霞尚满天。

岁岁重阳喜，九九丹桂香。

老骥心尚壮，青松色逾新。

金秋十月精神爽，丹桂飘香人增寿。

枫叶经霜红愈艳，菊花晚节香尤浓。

新竹高于旧竹枝，全凭老干为扶持。

人生最美桑榆晚，最是夕阳红满天。

历史总是在继往开来中前行，事业总是在接续奋斗中推进。

（四）八一慰问段头常用表达

一日从军行，终生跟党走。

旌旗映日三军壮，铁血丹心四海清。

军民合力齐奋进，共创发展新辉煌。

军民鱼水情谊深，携手同担新使命。

党政军民再出发，双拥聚力向未来。

强国兴军兵民奋进，同心合力征途如虹。

（五）节日表示慰问常用表达

1. 值此□□□□年新春佳节来临之际，□□□□□□□□向□□□□□□□致以节日的祝愿/诚挚的慰问/亲切的慰问/诚挚的祝福/节日的问候/美好的祝福/新春的问候/诚挚的问候/节日的祝福！

2. 值此□□周年来临之际，□□□□□□□□谨代表□□□□□□□，向□□□□□□□致以节日的祝贺和诚挚的慰问！

3. 值此岁序更迭、新春来临之际,谨向□□□□□□表示亲切的慰问和崇高的敬意!向□□□□□□致以诚挚的敬意和亲切的慰问!

(六)提出希望或者发出号召常用过渡句

朝乾夕惕,功不唐捐。
踔厉奋发,笃行不怠。
征途漫漫,惟有奋斗。
虽经风雨,终见彩虹。
草木蔓发,春山在望。
回首过去,硕果累累。
展望未来,砥砺前行。
鹏程万里远,不忘来时路。
征程万里阔,奋进正当时。
岁寒知松柏,患难见真情。
成绩殊为不易,凝结各方奋斗。
时代催人奋进,发展重任在肩。
上下同欲者胜,同舟共济者赢。
实干托起梦想,奋斗铸就辉煌。
艰难方显勇毅,磨砺始得玉成。
春风徐来满目新,不负韶光万里程。
征程万里风正劲,奋楫扬帆再出发。
一元复始开新宇,万象更新绘蓝图。
拉高标杆争一流,乘势而上再出发。
时序更替,留下奋斗者的坚实足迹。
未来可期,更需中流击水的坚毅笃行。
回眸间,凯歌如潮;抬望眼,风帆正扬。
路虽远,行则将至;事虽难,做则必成。
新时代赋予新使命,新征程呼唤新作为。

百花争香传万里,巾帼奋进谱新篇。

春华秋实,天道酬勤;千帆竞发,百舸争流。

物有甘苦,尝之者识;道有夷险,履之者知。

忆往昔峥嵘岁月,看今朝发展大潮,展未来任重道远。

成绩饱含艰辛,实干铸就辉煌,时光不恋过往,□□□□已向我们走来。

(七)结尾节日祝福常用表达

1. 衷心祝愿□□□□□新春快乐、身体健康、工作顺利、阖家幸福!/新春快乐、阖家幸福、身体健康、工作顺利、皆得所愿!/节日快乐!健康长寿!

2. 祝愿伟大祖国蒸蒸日上、繁荣富强!/繁荣昌盛、国泰民安!

3. 祝愿□□人民和顺致祥、幸福美满!

4. 祝愿世界和平美好、幸福安宁!

第三十八章　感谢信

第一节　共性模板

模板 1

活动举办感谢信

□□□□□:

　　在贵单位的大力支持和积极参与下，□□□□□□成功举办。此次□□□□□会是□□□□□，全面展示□□□□□□□□□□。（**注**：感谢事由）

　　此次□□□□□会筹办工作时间紧、任务重、要求高，贵单位的积极参与和努力奉献为□□□□□□会筹备工作提供了有力支持和保障，为□□□□□会成功举办作出了积极贡献。在此，□□□□□□向贵单位致以衷心的感谢。（**注**：提出感谢，相关表述可借鉴本章"常见套件及高频词句"）

　　希望与贵单位继续加强沟通协作，共同为□□□□□□□□□□作出更大的贡献。（**注**：提出希望）祝愿□□□□□□□□□□。（**注**：表示祝福）

□□□□□□
□□□□年□□月□□日

模板 2

岁末年初感谢信

□□□□□□:

　　□□□□□，□□□□□□。（**注**：开头用词，相关表述可借鉴本章"常见套件及高频词句"）值此岁末年初之际，□□□□□□向□□□□□□致以新春的问候和节日的祝福！向□□□□□□以崇高的敬意和由衷的感谢！

　　□□□□年，□□□□□□在□□□□□□指引下，□□□□□□同舟共济，争先创优，奋力推进□□□□□□建设。□□□□□□□□□□□□□□□□。

　　这一切都凝聚着□□□□□□的汗水、智慧、才干、付出，更凝聚着□□□□□□的鼎力支持和无私奉献！

　　让我们再接再厉、赓续前行，为□□□□□□而努力奋斗！

　　祝愿□□□□□□□□□□□□□！（**注**：祝福词，相关表述可借鉴本章"常见套件及高频词句"）

第二节 常见套件及高频词句

（一）表示感谢常用表达

1. 在这里，□□□□□□向大力支持□□□□□□工作的□□□□□□人士，表示衷心的感谢，并致以崇高的敬意！

2. 在此，□□□□□□向□□□□□□致以崇高的敬意和诚挚的感谢！

3. 在此，谨向□□□□□□致以崇高的敬意和衷心的感谢！

4. 对于□□□□□□的鼎力相助，□□□□□□表示崇高的敬意和衷心的感谢！对于这份同舟共济、患难与共的深情，我们将永远感怀在心！

5. 在此，□□□□□□谨对□□□□□□表示衷心感谢！对□□□□□□的辛勤付出致以崇高敬意！

（二）岁末年初开头常用表达

1. 三字类

岁序易，华章新。

2. 四字类

律转鸿钧，四序递迁。

日月其慆，时光不待。

新故相推，日生不滞。

初岁元祚，吉日唯良。

3. 五字类

东风随春归，发我枝上花。

律回春渐近，新元正肇启。

霜蹄千里骏，风翮九霄鹏。

昨夜斗回北，今朝岁起东。

云霞吐海曙，洪钟唱新春。

春雨生万象，东风渡岁来。

4. 七字类

沙场百战袍未解，征途万里再启程。

雪舞金山辞旧岁，天仪再始开新元。

硕果盈枝辞旧岁，意气风发迎新年。

凯歌高奏辞旧岁，豪情满怀迎新年。

春晖逐近旧岁去，一元复始万象新。

奋斗中辞别旧岁，憧憬中迎来新年。

喜闻钟声催奋进，更借东风展新姿。

一元复始开新宇，万象更新谱新篇。

5. 其他类

时间的流逝永不停歇，奋进的脚步志在远方。

欢声笑语，喜逢新岁；一年复始，万象更新。

美好的瞬间，定格成永恒的记忆；奋斗的画笔，挥洒出梦想的华彩。

深情回望，千帆竞发已过往；放眼新程，东风劲疾扑面来。

时代潮流，浩浩荡荡，唯有弄潮儿勇立潮头；历史车轮，滚滚向前，唯有奋斗者芳华永恒。

（三）对方指导支持常用表达

1. 此次□□□□□筹办工作时间紧、任务重、要求高，贵单位的积极参与和努力奉献为□□□□□□提供了有力支持和保障，为□□□□□□作出了积极贡献。

2. 相扶相助，人间有爱/岂曰无衣，与子同袍。□□□□□□伸出了援助之手，为□□□□□□捐献□□□□□□等，解了燃眉之急，暖了受灾之心。

3. 寸土积成泰山，滴水汇成海洋。□□□□□□积极响应号召，慷慨解囊，奉献爱心，为□□□□□□踊跃捐资捐物。一份份付出、一次次驰援，体现了□□□□□□力量；一笔笔捐款、一项项物资，体现了□□□□□□担当。

4. 疾风知劲草，危难显担当。在此急难紧要关键时刻，□□□□□□□纷纷伸出援助之手，以同舟共济的深厚情怀，踊跃□□□□□□，用实际行动诠释"一方有难，八方支援"的大爱精神，为□□□□□□作出了巨大贡献。

5. 为□□□□□□，你们举□□□□□□之力、聚□□□□□□之智，坚持高标准、高质量、严要求，精心部署、悉心组织、周密衔接，做了大量艰苦细致的工作。

6. 在□□□□□□的关键时刻，□□□□□□讲政治、顾大局，心系民生、慷慨解囊，□□□□□□，为□□□□□□注入了强大力量。

（四）希望合作常用表达

1. 希望与贵单位继续加强沟通协作，共同为□□□□□□发展作出更大贡献。

2．希望在今后的工作中能够继续关注、支持□□□□□的工作。

（五）末尾祝福祝愿常用表达

1．言短情长，信传吉祥。祝愿□□□□□身体健康、万事顺意、虎年行福运！

2．特此致谢！

3．再一次感谢□□□□□！向你们致敬！

4．最后，祝身体健康，事业进步，万事如意！

5．最后，再次衷心感谢□□□□□！衷心祝愿您和家人身体健康，工作顺利，阖家幸福，万事如意！

6．衷心祝愿□□□□□兴旺发达、蒸蒸日上！

附 录

党政机关公文处理工作条例
中办发〔2012〕14号

第一章 总 则

第一条 为了适应中国共产党机关和国家行政机关(以下简称党政机关)工作需要,推进党政机关公文处理工作科学化、制度化、规范化,制定本条例。

第二条 本条例适用于各级党政机关公文处理工作。

第三条 党政机关公文是党政机关实施领导、履行职能、处理公务的具有特定效力和规范体式的文书,是传达贯彻党和国家的方针政策,公布法规和规章,指导、布置和商洽工作,请示和答复问题,报告、通报和交流情况等的重要工具。

第四条 公文处理工作是指公文拟制、办理、管理等一系列相互关联、衔接有序的工作。

第五条 公文处理工作应当坚持实事求是、准确规范、精简高效、安全保密的原则。

第六条 各级党政机关应当高度重视公文处理工作,加强组织领导,强化队伍建设,设立文秘部门或者由专人负责公文处理工作。

第七条 各级党政机关办公厅(室)主管本机关的公文处理工作,并对下级机关的公文处理工作进行业务指导和督促检查。

第二章 公文种类

第八条 公文种类主要有:

(一)决议。适用于会议讨论通过的重大决策事项。

(二)决定。适用于对重要事项作出决策和部署、奖惩有关单位和人员、变更或者撤销下级机关不适当的决定事项。

(三)命令(令)。适用于公布行政法规和规章、宣布施行重大强制性措施、批准授予和晋升衔级、嘉奖有关单位和人员。

(四)公报。适用于公布重要决定或者重大事项。

(五)公告。适用于向国内外宣布重要事项或者法定事项。

(六)通告。适用于在一定范围内公布应当遵守或者周知的事项。

(七)意见。适用于对重要问题提出见解和处理办法。

(八)通知。适用于发布、传达要求下级机关执行和有关单位周知或者执行的事项,批转、转发公文。

(九)通报。适用于表彰先进、批评错误、传达重要精神和告知重要情况。

(十)报告。适用于向上级机关汇报工作、反映情况,回复上级机关的询问。

(十一)请示。适用于向上级机关请求指示、批准。

(十二)批复。适用于答复下级机关请示事项。

(十三)议案。适用于各级人民政府按照法律程序向同级人民代表大会或者人民代表大会常务委员会提请审议事项。

(十四)函。适用于不相隶属机关之间商洽工作、询问和答复问题、请求批准和答复审批事项。

(十五)纪要。适用于记载会议主要情况和议定事项。

第三章 公文格式

第九条 公文一般由份号、密级和保密期限、紧急程度、发文机关标志、发文字号、签发人、标题、主送机关、正文、附件说明、发文机关署名、成文日期、印章、附注、附件、抄送机关、印发机关和印发日期、页码等组成。

（一）份号。公文印制份数的顺序号。涉密公文应当标注份号。

（二）密级和保密期限。公文的秘密等级和保密的期限。涉密公文应当根据涉密程度分别标注"绝密""机密""秘密"和保密期限。

（三）紧急程度。公文送达和办理的时限要求。根据紧急程度，紧急公文应当分别标注"特急""加急"，电报应当分别标注"特提""特急""加急""平急"。

（四）发文机关标志。由发文机关全称或者规范化简称加"文件"二字组成，也可以使用发文机关全称或者规范化简称。联合行文时，发文机关标志可以并用联合发文机关名称，也可以单独用主办机关名称。

（五）发文字号。由发文机关代字、年份、发文顺序号组成。联合行文时，使用主办机关的发文字号。

（六）签发人。上行文应当标注签发人姓名。

（七）标题。由发文机关名称、事由和文种组成。

（八）主送机关。公文的主要受理机关，应当使用机关全称、规范化简称或者同类型机关统称。

（九）正文。公文的主体，用来表述公文的内容。

（十）附件说明。公文附件的顺序号和名称。

（十一）发文机关署名。署发文机关全称或者规范化简称。

（十二）成文日期。署会议通过或者发文机关负责人签发的日期。联合行文时，署最后签发机关负责人签发的日期。

（十三）印章。公文中有发文机关署名的，应当加盖发文机关印章，并与署名机关相符。有特定发文机关标志的普发性公文和电报可以不加盖印章。

（十四）附注。公文印发传达范围等需要说明的事项。

（十五）附件。公文正文的说明、补充或者参考资料。

（十六）抄送机关。除主送机关外需要执行或者知晓公文内容的其他机关，应当使用机关全称、规范化简称或者同类型机关统称。

（十七）印发机关和印发日期。公文的送印机关和送印日期。

（十八）页码。公文页数顺序号。

第十条　公文的版式按照《党政机关公文格式》国家标准执行。

第十一条　公文使用的汉字、数字、外文字符、计量单位和标点符号等，按照有关国家标准和规定执行。民族自治地方的公文，可以并用汉字和当地通用的少数民族文字。

第十二条　公文用纸幅面采用国际标准 A4 型。特殊形式的公文用纸幅面，根据实际需要确定。

第四章　行文规则

第十三条　行文应当确有必要，讲求实效，注重针对性和可操作性。

第十四条　行文关系根据隶属关系和职权范围确定。一般不得越级行文，特殊情况需要越级行文的，应当同时抄送被越过的机关。

第十五条　向上级机关行文，应当遵循以下规则：

（一）原则上主送一个上级机关，根据需要同时抄送相关上级机关和同级机关，不抄送下级机关。

（二）党委、政府的部门向上级主管部门请示、报告重大事项，应当经本级党委、政府同意或者授权；属于部门职权范围内的事项应当直接报送上级主管部门。

（三）下级机关的请示事项，如需以本机关名义向上级机关请示，应当提出倾向性意见后上报，不得原文转报上级机关。

（四）请示应当一文一事。不得在报告等非请示性公文中夹带请示事项。

（五）除上级机关负责人直接交办事项外，不得以本机关名义向上级机关负责人报送公文，不得以本机关负责人名义向上级机关报送公文。

（六）受双重领导的机关向一个上级机关行文，必要时抄送另一个上级机关。

第十六条　向下级机关行文，应当遵循以下规则：

（一）主送受理机关，根据需要抄送相关机关。重要行文应当同时抄送发文机关的直接上级机关。

（二）党委、政府的办公厅（室）根据本级党委、政府授权，可以向下级党委、政府行文，其他部门和单位不得向下级党委、政府发布指令性公文或者在公文中向下级党委、政府提出指令性要求。需经政府审批的具体事项，经政府同意后可以由政府职能部门行文，文中须注明已经政府同意。

（三）党委、政府的部门在各自职权范围内可以向下级党委、政府的相关部门行文。

（四）涉及多个部门职权范围内的事务，部门之间未协商一致的，不得向下行文；擅自行文的，上级机关应当责令其纠正或者撤销。

（五）上级机关向受双重领导的下级机关行文，必要时抄送该下级机关的另一个上级机关。

第十七条　同级党政机关、党政机关与其他同级机关必要时可以联合行文。属于党委、政府各自职权范围内的工作，不得联合行文。

党委、政府的部门依据职权可以相互行文。

部门内设机构除办公厅（室）外不得对外正式行文。

第五章　公文拟制

第十八条　公文拟制包括公文的起草、审核、签发等程序。

第十九条　公文起草应当做到：

（一）符合党的理论路线方针政策和国家法律法规，完整准确体现发文机关意图，并同现行有关公文相衔接。

（二）一切从实际出发，分析问题实事求是，所提政策措施和办法切实可行。

（三）内容简洁，主题突出，观点鲜明，结构严谨，表述准确，文字精练。

（四）文种正确，格式规范。

（五）深入调查研究，充分进行论证，广泛听取意见。

（六）公文涉及其他地区或者部门职权范围内的事项，起草单位必须征求相关地区或者部门意见，力求达成一致。

（七）机关负责人应当主持、指导重要公文起草工作。

第二十条 公文文稿签发前，应当由发文机关办公厅（室）进行审核。审核的重点是：

（一）行文理由是否充分，行文依据是否准确。

（二）内容是否符合党的理论路线方针政策和国家法律法规；是否完整准确体现发文机关意图；是否同现行有关公文相衔接；所提政策措施和办法是否切实可行。

（三）涉及有关地区或者部门职权范围内的事项是否经过充分协商并达成一致意见。

（四）文种是否正确，格式是否规范；人名、地名、时间、数字、段落顺序、引文等是否准确；文字、数字、计量单位和标点符号等用法是否规范。

（五）其他内容是否符合公文起草的有关要求。

需要发文机关审议的重要公文文稿，审议前由发文机关办公厅（室）进行初核。

第二十一条 经审核不宜发文的公文文稿，应当退回起草单位并说明理由；符合发文条件但内容需作进一步研究和修改的，由起草单位修改后重新报送。

第二十二条 公文应当经本机关负责人审批签发。重要公文和上行文由机关主要负责人签发。党委、政府的办公厅（室）根据党委、政府授权制发的公文，由受权机关主要负责人签发或者按照有关规定签发。签发人签发公文，应当签署意见、姓名和完整日期；圈阅或者签名的，视为同意。联合发文由所有联署机关的负责人会签。

第六章 公文办理

第二十三条 公文办理包括收文办理、发文办理和整理归档。

第二十四条 收文办理主要程序是：

（一）签收。对收到的公文应当逐件清点，核对无误后签字或者盖章，并注明签收时间。

（二）登记。对公文的主要信息和办理情况应当详细记载。

（三）初审。对收到的公文应当进行初审。初审的重点是：是否应当由本机关办理，是否符合行文规则，文种、格式是否符合要求，涉及其他地区或者部门职权范围内的事项是否已经协商、会签，是否符合公文起草的其他要求。经初审不符合规定的公文，应当及时退回来文单位并说明理由。

（四）承办。阅知性公文应当根据公文内容、要求和工作需要确定范围后分送。批办性公文应当提出拟办意见报本机关负责人批示或者转有关部门办理；需要两个以上部门办理的，应当明确主办部门。紧急公文应当明确办理时限。承办部门对交办的公文应当及时办理，有明确办理时限要求的应当在规定时限内办理完毕。

（五）传阅。根据领导批示和工作需要将公文及时送传阅对象阅知或者批示。办理公文传阅应当随时掌握公文去向，不得漏传、误传、延误。

（六）催办。及时了解掌握公文的办理进展情况，督促承办部门按期办结。紧急公文或者重要公文应当由专人负责催办。

（七）答复。公文的办理结果应当及时答复来文单位，并根据需要告知相关单位。

第二十五条 发文办理主要程序是：

（一）复核。已经发文机关负责人签批的公文，印发前应当对公文的审批手续、内容、文种、格式等进行复核；需作实质性修改的，应当报原签批人复审。

（二）登记。对复核后的公文，应当确定发文字号、分送范围和印制份数并详细记载。

（三）印制。公文印制必须确保质量和时效。涉密公文应当在符合保密要求的场所印制。

（四）核发。公文印制完毕，应当对公文的文字、格式和印刷质量进行检查后分发。

第二十六条　涉密公文应当通过机要交通、邮政机要通信、城市机要文件交换站或者收发件机关机要收发人员进行传递，通过密码电报或者符合国家保密规定的计算机信息系统进行传输。

第二十七条　需要归档的公文及有关材料，应当根据有关档案法律法规以及机关档案管理规定，及时收集齐全、整理归档。两个以上机关联合办理的公文，原件由主办机关归档，相关机关保存复制件。机关负责人兼任其他机关职务的，在履行所兼职务过程中形成的公文，由其兼职机关归档。

第七章　公文管理

第二十八条　各级党政机关应当建立健全本机关公文管理制度，确保管理严格规范，充分发挥公文效用。

第二十九条　党政机关公文由文秘部门或者专人统一管理。设立党委（党组）的县级以上单位应当建立机要保密室和机要阅文室，并按照有关保密规定配备工作人员和必要的安全保密设施设备。

第三十条　公文确定密级前，应当按照拟定的密级先行采取保密措施。确定密级后，应当按照所定密级严格管理。绝密级公文应当由专人管理。

公文的密级需要变更或者解除的，由原确定密级的机关或者其上级机关决定。

第三十一条 公文的印发传达范围应当按照发文机关的要求执行；需要变更的，应当经发文机关批准。

涉密公文公开发布前应当履行解密程序。公开发布的时间、形式和渠道，由发文机关确定。

经批准公开发布的公文，同发文机关正式印发的公文具有同等效力。

第三十二条 复制、汇编机密级、秘密级公文，应当符合有关规定并经本机关负责人批准。绝密级公文一般不得复制、汇编，确有工作需要的，应当经发文机关或者其上级机关批准。复制、汇编的公文视同原件管理。

复制件应当加盖复制机关戳记。翻印件应当注明翻印的机关名称、日期。汇编本的密级按照编入公文的最高密级标注。

第三十三条 公文的撤销和废止，由发文机关、上级机关或者权力机关根据职权范围和有关法律法规决定。公文被撤销的，视为自始无效；公文被废止的，视为自废止之日起失效。

第三十四条 涉密公文应当按照发文机关的要求和有关规定进行清退或者销毁。

第三十五条 不具备归档和保存价值的公文，经批准后可以销毁。销毁涉密公文必须严格按照有关规定履行审批登记手续，确保不丢失、不漏销。个人不得私自销毁、留存涉密公文。

第三十六条 机关合并时，全部公文应当随之合并管理；机关撤销时，需要归档的公文经整理后按照有关规定移交档案管理部门。

工作人员离岗离职时，所在机关应当督促其将暂存、借用的公文按照有关规定移交、清退。

第三十七条 新设立的机关应当向本级党委、政府的办公厅（室）提出发文立户申请。经审查符合条件的，列为发文单位，机关合并或者撤销时，相应进行调整。

第八章 附　则

第三十八条　党政机关公文含电子公文。电子公文处理工作的具体办法另行制定。

第三十九条　法规、规章方面的公文，依照有关规定处理。外事方面的公文，依照外事主管部门的有关规定处理。

第四十条　其他机关和单位的公文处理工作，可以参照本条例执行。

第四十一条　本条例由中共中央办公厅、国务院办公厅负责解释。

第四十二条　本条例自2012年7月1日起施行。1996年5月3日中共中央办公厅发布的《中国共产党机关公文处理条例》和2000年8月24日国务院发布的《国家行政机关公文处理办法》停止执行。

参考文献

[1] 雄文. 文稿,还能这样写:一个老写手的隐形经验[M]. 北京:中译出版社,2017.

[2] 王永鉴. 公文写作点津[M]. 上海:上海文化出版社,2021.

[3] 老孙. 公文写作模板大全[M]. 北京:人民邮电出版社,2020.

[4] 李永新. 笔杆子是怎样炼成的[M]. 北京:清华大学出版社,2021.